Christian A. Schwarz
DIE 3 FARBEN DEINER GABEN

Christian A. Schwarz

Die 3 Farben deiner Gaben

Wie jeder Christ seine geistlichen Gaben entdecken und entfalten kann

GEMEINDE NATÜRLICH ENTWICKELN

C & P

Was ist NCD?

10 Kennzeichen dieser Serie

Es gibt viele gute Bücher über geistliches Leben und Gemeindeaufbau. Was ist dann das Besondere der Reihe **NCD – Gemeinde natürlich entwickeln**? NCD steht für *Natural Church Development* und ist das Kürzel eines neuen Ansatzes im Gemeindeaufbau, dessen Grundlagen in den Büchern „Die natürliche Gemeindeentwicklung", „Die dreifache Kunst Gott zu erleben" und „Paradigmenwechsel in der Kirche" beschrieben werden. Alle Bücher dieser Reihe sind ...

1. trinitarisch: Da Gott sich auf dreifache Weise offenbart hat – als Schöpfer, in Jesus und im Heiligen Geist –, können wir ihm auf drei verschiedene Weisen begegnen. Die drei Farben grün (für die Schöpfungsoffenbarung), rot (für die Heilsoffenbarung) und blau (für die persönliche Offenbarung) sind zentrale Symbole in allen Büchern der Reihe **Gemeinde natürlich entwickeln.** Die Bücher ziehen praktische Konsequenzen aus Gottes Offenbarungen in der Geschichte: Schöpfung, Golgatha und Pfingsten.

2. natürlich: NCD basiert auf der biblischen Erkenntnis, dass gute Wurzeln unausweichlich gute Früchte hervorbringen. Wenn die Qualität des gemeindlichen Lebens stimmt, wird die Gemeinde auch quantitativ wachsen. Deshalb konzentriert sich die Reihe **Gemeinde natürlich entwickeln** auf die „Wurzeln". Unsere Aufgabe ist es nicht, Gemeindewachstum zu „machen", sondern das Wachstumspotenzial freizusetzen, das Gott bereits in die Gemeinde hineingelegt hat. Dann geschieht Gemeindewachstum ganz „von selbst".

3. gemeindebezogen: Die Bücher der Reihe **Gemeinde natürlich entwickeln** sind so angelegt, dass sie von einzelnen Christen, christlichen Gruppen und ganzen Gemeinden eingesetzt werden können. Dahinter steht die Überzeugung, dass die Qualität einer Gemeinde durch nichts Anderes als durch die Qualität der Christen geprägt wird. In allen NCD-Materialien geht es um praktische Jüngerschaftsprozesse, die uns zu einem reifen, vollmächtigen und mündigen Glauben verhelfen sollen.

4. empirisch: NCD basiert auf umfassenden Forschungen, die das Institut für natürliche Gemeindeentwicklung in den letzten Jahren auf allen fünf Kontinenten durchgeführt hat. Bis heute haben sich mehr als 25.000 Gemeinden aus über 50 Ländern an den Untersuchungen beteiligt. Ziel der Forschung ist es, allgemein gültige Wachstumsprinzipien ausfindig zu machen, die unabhängig von Kultur, Tradition oder Frömmigkeitsrichtung gelten. Die Reihe **Gemeinde natürlich entwickeln** baut auf den Ergebnissen dieser Studien auf.

5. ganzheitlich: Jedes Buch der Reihe **Gemeinde natürlich entwickeln** behandelt eines der acht „Qualitätsmerkmale" wachsender Gemeinden. Anstatt ein einzelnes dieser Elemente als „Schlüssel zum Erfolg" auszugeben, geht es bei der natürlichen Gemeindeentwicklung darum, dass alle acht Elemente ganzheitlich zusammenkommen. Mit Hilfe des NCD-Gemeindeprofils kann jede Gemeinde ausfindig machen, welches dieser Qualitätsmerkmale in ihrer Situation besonderer Aufmerksamkeit bedarf.

6. kreativ: NCD vertritt kein bestimmtes Gemeindemodell, das auf andere Gemeinden übertragen werden soll: „Mach es wie ich und deine Gemeinde wird den gleichen Erfolg haben." Vielmehr geht es um die Freisetzung von Individualität, Kreativität und Spontaneität. NCD geht davon aus, dass jeder Christ einzigartig ist und eine höchst individuelle Berufung hat. Das Gleiche gilt für ganze Gemeinden. Ziel jedes Buches der Reihe **Gemeinde natürlich entwickeln** ist es, diese gottgegebene Einzigartigkeit zu fördern.

7. international: NCD hat ein Netzwerk mit nationalen Partnern in über 50 Ländern aufgebaut. Diese Art von Vernetzung ermöglicht globale Lernprozesse. Anstatt die Eigenarten einer bestimmten Kultur in andere Länder zu exportieren, ist es das Ziel von NCD, die hilfreichsten Impulse von Gemeinden auf allen fünf Kontinenten zu sammeln und sie so aufzuarbeiten, dass sie international fruchtbar gemacht werden können. Die Reihe **Gemeinde natürlich entwickeln** ist in verschiedenen Sprachversionen erhältlich.

8. farbig: Gott ist farbig, die Schöpfung ist farbig, das Leben ist farbig. Da die Reihe **Gemeinde natürlich entwickeln** diese Farbigkeit vermitteln möchte, kann sie dies nicht in schwarz-weiß tun. Deshalb sind alle NCD-Bücher vierfarbig angelegt. Da sie jedoch als internationale Koproduktion in vielen Sprachversionen gleichzeitig produziert werden, ist es möglich, sie preiswerter als normale Schwarz-Weiß-Bücher anzubieten – auch und gerade in Ländern außerhalb der westlichen Welt.

9. biblisch: NCD-Bücher sind biblisch, aber es sind keine „Bibelstudien-Materialien". Alle Bücher der Reihe **Gemeinde natürlich entwickeln** haben die Heilige Schrift zur Norm. Was auch immer von anderen Kulturen gelernt werden kann – ob von Gemeinden, durch Forschungen oder aus der Natur – wird im Licht biblischer Prinzipien ausgewertet. Nur Erkenntnisse, die diesen biblischen Test bestehen, finden Eingang in die Bücher. Eines der wichtigsten Ziele der Reihe ist es, die Bedeutung von Gottes Wort für unser Alltagsleben zu zeigen.

10. praktisch: NCD geht es nicht um die Anhäufung rein intellektuellen Wissens, sondern um die praktische Anwendung unserer Erkenntnisse. Nach biblischem Verständnis ist Wahrheit etwas, das „getan werden" kann (und soll). Jedes Kapitel der Reihe **Gemeinde natürlich entwickeln** wurde geschrieben, um dem Leser dabei zu helfen, praktische Schritte zu gehen. Ziel des Weges ist es, Gott besser zu dienen und eine Art von Gemeinde zu entwickeln, die gesund, gesellschaftsverändernd und ansteckend ist.

GEMEINDE NATÜRLICH ENTWICKELN

Ein natürlicher Ansatz ... für natürliche Ergebnisse

„Die 3 Farben deiner Gaben" ist eines von acht Büchern, die langfristig in der Reihe *Gemeinde natürlich entwickeln* publiziert werden. Jedes Buch widmet sich einem der acht Qualitätsmerkmale wachsender Gemeinden.

Die grundlegende Einführung in die natürliche Gemeindeentwicklung:

Christian A. Schwarz
Die natürliche Gemeinde-entwicklung
Aktualisierte Ausgabe 2006
Hardcover, 128 Seiten, durchgehend vierfarbig illustriert, mit ca. 100 farbigen Fotos und Grafiken
ISBN 978-3-86770-048-1

Arbeitsmaterial zur Theologie und Praxis der natürlichen Gemeindeentwicklung ist in ca. 40 Sprachen erhältlich. Titel und Bezugsadressen aller bisher vorliegenden fremdsprachigen Materialien finden Sie im Internet unter:

www.ncd-international.org

5. Auflage 2009

C & P Verlagsgesellschaft m.b.H. • www.cundp.de • bestellung@cundp.de
Tel. 0180 - 567 00 15 • Fax 0180 - 567 00 16
ISBN 978-3-86770-056-6 • **Preis: € 9,80**

Teile dieses Buches wurden bereits in seiner Vorgängerversion unter dem Titel *Der Gabentest* veröffentlicht.

Umschlaggestaltung: Heidenreich Kommunikationsdesign, Haltern

Karikaturen: Stefan M. Schwarz

Druck: Mohn media Mohndruck GmbH, Gütersloh • Printed in Germany

Die 3 Farben deiner Gaben

Inhalts-
verzeichnis

Was Sie von diesem Buch erwarten können

Einführung

Warum ein Buch, das allein in Deutschland, Österreich und der Schweiz mehr als 100.000 Leser gefunden hat, erneut völlig neu bearbeiten? So haben mich viele gefragt, als sie von unserer Absicht hörten, das, was wir bisher den „Gabentest" nannten, nun noch einmal gleichsam „neu zu erfinden". Die Antwort ist eigentlich nahe liegend. Es hat sich viel verändert, seitdem die erste Auflage dieses Buches 1988 erschienen ist.

Was sich in den letzten Jahren verändert hat

- *Die Welt hat sich verändert.* Als die erste Auflage des Gabentests erschien, da stand die Mauer noch. Und nicht nur in Berlin, sondern auch in unzähligen (auch christlichen) Köpfen und Herzen. Kalter Krieg und Abgrenzung, kulturelle Bevormundung und imperialistisches Gehabe, Feindbilder und Angstmacherei, all das hatte Konjunktur und färbte auch kräftig auf uns Christen ab. Das ist heute radikal anders. Unzählige Mauern in unseren Herzen und Köpfen sind längst zusammengebrochen. Das macht Mut, auch unsere Arbeit in einen weiteren Horizont zu stellen.
- *Die Gemeinden haben sich verändert.* Wenn ich meine Seminare vor zwölf Jahren mit denen von heute vergleiche, dann erlebe ich ein verändertes geistliches Klima: Neugierde auf bisher Unbekanntes, Streben nach geistlicher Ausgewogenheit, Sehnsucht nach Einheit; aber auch zunehmende Skepsis gegenüber vollmundigen Versprechungen und modellorientierten Instant-Produkten („Macht es wie ich und eure Gemeinde wird wachsen!"). Diesem neuen geistlichen Klima gilt es Rechnung zu tragen.
- *Unser Dienst hat sich verändert.* Als wir den Gabentest entwickelten, da gab es zwar bereits Gottes Verheißung, dass sich unser „neuer" Ansatz von Gemeindeaufbau einmal auf der ganzen Welt durchsetzen werde, aber real war davon nichts zu sehen. Unser Dienst war ausschließlich auf die deutschsprachigen Länder konzentriert. Heute, zwölf Jahre später, hat Gott seine Verheißung wahr gemacht: Nun haben wir in mehr als 50 Ländern „natio-nale Partner" für natürliche Gemeindeentwicklung – und die Erfahrungen, von denen wir nahezu täglich hören (veränderte Menschen, verwandelte Gemeinden, Aufbrüche in ganzen Regionen) übersteigen bei weitem das, was ich noch bis vor kurzer Zeit für möglich gehalten hatte.
- *Ich selber habe mich verändert.* Nun, es wäre ja auch schlimm, wenn das nicht der Fall wäre, denn dann hätte es in meinem geistlichen Leben zwölf Jahre lang Stillstand gegeben. Ich bin Gott dankbar, dass es diesen Stillstand nicht gegeben hat, sondern dass ich so viel Neues, Aufregendes, Hilfreiches lernen durfte. Wer die Vorgängerversionen dieses Buches kennt, dem wird auffallen, dass in „Die 3 Farben deiner Gaben" vieles anders, manches sogar sehr anders vermittelt wird. Sollte ich mich für diese Revisionen schämen, wie mir schon der eine oder andere Kritiker nahe legte? Ich möchte mich nicht dafür schämen, der zu sein, der ich bin: ein Mensch, der niemals aufhören möchte zu lernen.

Wer die Schritte dieses Buches zu gehen bereit ist, kann erwarten, ein glücklicherer Mensch zu werden.

Wo dieses Buch entstand

Die Entstehungsorte der neuen Kapitel dieses Buches sind Zeugnis dafür, dass meine Arbeit an diesem Thema von sehr, sehr unterschiedlichen Einflüssen geprägt worden ist. Diese Texte habe ich in den letzten neun Monaten in Bangkok, Barcelona und Cambridge geschrieben, in Detroit, Kairo und Kapstadt, in Los Angeles, Madras und Nagoya, in Nashville, Osaka und Prag, in Pretoria, Pusan und Saskatoon, in Seoul, Tokio und Warschau. So gut wie nie in der abgeschiedenen Stille der Studierstube, nach der ich mich bisweilen so sehr sehnte, sondern während frustrierender Wartezeiten auf Flughäfen; in Vorlesungspausen nach spannender Arbeit mit hochmotivierten Studenten an Universitäten; in schlaflosen Nächten auf Hotelzimmern; im Anschluss an hitzige Konferenzen mit Pastoren aus evangelikalen, charismatischen und liberalen Kirchen; in unzähligen Cafés als handschriftliche Notizen während aufregender Gespräche. Diese Orte – und vor allem die Zusammenarbeit mit so vielen wunderbaren Menschen überall auf der Welt – haben mich in meinem Denken natürlich stark geprägt. Sie werden den Spuren dieser Einflüsse in diesem Buch auf Schritt und Tritt begegnen.

Das Zeitalter der Globalisierung

Tausende von Christen berichteten uns, dass Gott dieses Buch benutzt hat, um ihnen ihre Berufung zu zeigen.

Wir sind in den letzten Jahren in ein Zeitalter eingetreten, für dessen Beschreibung viele das Stichwort der „Globalisierung" gewählt haben. Ja, wir möchten die Herausforderung annehmen, möchten mit unserem Dienst wirklich ein *global player* sein (obwohl mir bis heute nicht ganz klar geworden ist, was das Ganze eigentlich mit einem „Spiel" zu tun haben soll). Was viele bei uns im Westen – und leider auch im Osten und Süden – nicht begreifen wollen: Globalisierung heißt eben nicht Amerikanisierung, McDonaldisierung, Uniformierung. Globalisierung heißt: Peruaner lernen von Chinesen, Deutsche von Indonesiern, Australier von Ägyptern, Amerikaner von Irakis, Russen von Dänen, Japaner von Holländern, Inder von Rumänen. Klar, da sind auch Amerikaner mit dabei, als einer von hunderten *global players*, und wir freuen uns über alles, was sie einzubringen haben. Toll! Aber eine Fixierung auf Amerika als angeblich kommende Weltkultur, auch im christlichen Bereich, scheint mir empirisch fragwürdig zu sein, kulturell verarmend, strategisch geradezu provinziell und geistlich verheerend. Globalisierung – ja! Aber dann bitte auch richtig.

Wenn sich so viel verändert hat, was ist dann eigentlich konstant geblieben? Zum Beispiel das, was uns das Neue Testament über geistliche Gaben lehrt. Da hat sich buchstäblich kein Jota geändert – vielleicht einmal davon abgesehen, dass heute diese Aussagen noch sehr viel aktueller sind als zur Zeit ihres Entstehens. Tausende von Christen, die mit der Vorgängerversion dieses Buches gearbeitet haben, berichteten uns, dass Gott diesen Ansatz benutzt hat, um ihnen ihre Berufung zu zeigen – und dass sie seitdem glücklichere Menschen sind und gleichzeitig effektivere Mitarbeiter ihrer Gemeinde.

Christian A. Schwarz *Institut für natürliche Gemeindeentwicklung*

Die drei Farben des Dienstes

Auf vielen christlichen Konferenzen habe ich schon gehört: „Was wir brauchen, ist mehr Hingabe unter uns Christen", und es hört sich so an, als sei ein stärkeres persönliches Engagement die Lösung aller Probleme. Bei anderen Christen heißt das Motto: „Das Einzige, was unsere Gemeinden verändern kann, ist übernatürliche Kraft." Und eine dritte Gruppe predigt: „Wenn wir Christen uns nicht ständig so furchtbar dumm anstellen würden, wären wir wahrscheinlich erstaunt, wie viele Probleme sich in Luft auflösen würden." Wer von ihnen hat nun Recht? In gewisser Weise haben alle Recht, oder sollte ich besser sagen: Keiner von ihnen hat Recht? Die Wahrheit ist: Genau das, was für den einen Christen „richtig" ist, mag für den anderen völlig irreführend sein. Nicht alle Christen brauchen mehr Engagement, aber einige sehr wohl. Nicht alle Christen brauchen mehr Vollmacht, aber einige sehr wohl. Nicht alle Christen brauchen mehr Weisheit, aber einige sehr wohl. Wie können wir herausfinden, was in unserem eigenen Leben der entscheidende Punkt ist?

Kapitel 1: Grundlagen

Drei Arten Gott zu erleben

Haben Sie den Eindruck, dass Sie Gottes Wesen bereits wirklich verstanden haben? Sind Sie überzeugt, dass Sie schon die „Fülle des Lebens", die das Neue Testament verheißt, ausgekostet haben? Glauben Sie, dass Ihre Gemeinde hundertprozentig nach Gottes Plan lebt und es keinen Grund gibt, über Veränderungen auch nur nachzudenken?

Wenn Sie diese Fragen mit „Ja" beantwortet haben, dann möchte ich Sie erstens beglückwünschen, und zweitens möchte ich mich von Ihnen verabschieden. Dieses Buch ist nicht für Sie geschrieben worden. Es wurde für Christen geschrieben, die in ihrer Gotteserkenntnis wachsen möchten – rational, emotional und sozial. Es wurde für Menschen geschrieben, die es wagen, die Antworten, die sie bislang gefunden haben, in Frage zu stellen, und die bereit sind, ständig Neues zu lernen: über Gott, die Gemeinde und sich selbst.

Viele Christen sind bislang nur mit wenigen Aspekten von Gottes Wesen in Berührung gekommen. Auf sie warten aufregende Entdeckungen.

Das Zentrum des christlichen Glaubens

Ich möchte in diesem Buch (wie auch in den anderen Büchern dieser Reihe) nicht über irgendwelche Randthemen der Theologie sprechen, sondern über das Zentrum unseres christlichen Glaubens – den *einen* Gott, der sich auf *drei* verschiedene Weisen offenbart hat: als Schöpfer, in Jesus und im Heiligen Geist. Schauen Sie sich das Diagramm auf Seite 11 an. Wie weißes Licht sich in unterschiedliche Farben auffächert, wenn es durch ein Prisma fällt, so hat uns Gott verschiedene Seiten seines Wesens in drei großen Offenbarungen mitgeteilt: Schöpfung (grün), Golgatha (rot) und Pfingsten (blau). Das Dilemma der Christenheit ist, dass wir, auch wenn wir die dreifache Offenbarung intellektuell anerkennen mögen, noch Lichtjahre davon entfernt sind, ihre praktische Bedeutung für unseren Glauben zu begreifen. Es gibt Christen, die – wenn sie über Gott nachdenken – fast ausschließlich die „rote" Farbe sehen, andere sehen lediglich „blau", und wiederum andere nichts als „grün". Wenn wir aber ein solch begrenztes Gottesbild haben, stehen wir in der Gefahr, nur sehr begrenzte Teile von Gottes Wesen in unserem Leben und in unseren Gemeinden zur Geltung zu bringen.

Ein zerteilter Glaube

In meinem eigenen Dienst in den unterschiedlichsten Kirchen und Kulturen habe ich mit zahlreichen „grünen" Gemeinden zu tun, ebenso wie mit „roten" und „blauen". Manchmal stoße ich sogar auf Kombinationen von zwei Farben – fantastisch! –, aber nur sehr selten begegnet mir eine wahrhaft „dreifarbige", trinitarische Gemeinde: kompromisslos *christozentrisch,* indem sie den Absolutheitsanspruch Jesu betont und Menschen einlädt, eine persönliche Beziehung zu ihm zu finden (rotes Segment); in der *Kraft des Heiligen Geistes,* indem sie nicht nur über die übernatürliche Dimension des Glaubens lehrt, sondern sie auch erlebt (blaues Segment); und alles dies gegründet auf Prinzipien, die Gott uns in seiner *Schöpfung* offenbart hat und die wir folglich mit Nichtchristen teilen, was den Einsatz für die Bewahrung der Schöpfung, soziale Gerechtigkeit, Menschenrechte und Frieden einschließt (grünes Segment). Ich bin überzeugt, dass die meisten Probleme, mit denen wir in der Christenheit zu tun haben, ihren Ursprung

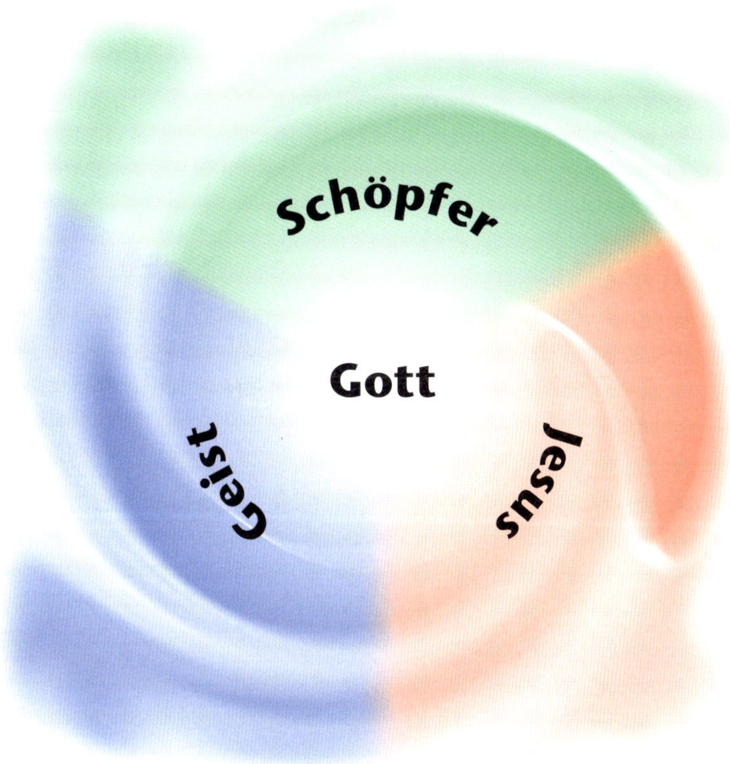

Die Bibel lehrt uns, dass sich Gott auf drei verschiedene Weisen offenbart hat: als Schöpfer (grünes Segment), in Jesus (rotes Segment) und im Heiligen Geist (blaues Segment). Jede dieser drei Offenbarungen entspricht einer spezifischen Weise, wie wir Gott erfahren können. Sobald wir eine der drei „Farben" absolut setzen und gegen die anderen beiden ausspielen, gibt es Probleme.

letztlich in unserem begrenzten Verständnis des dreieinigen Gottes haben. Das ist schon eine ziemlich frustrierende Situation.

Veränderung ist möglich

Aber hier ist die gute Nachricht: Ich habe erlebt, dass diese Situation geändert werden kann. Ganz gleich, wo Sie heute als einzelner Christ oder als ganze Gemeinde stehen mögen (mehr im grünen, roten oder blauen Segment), es ist für jeden von uns möglich, die anderen Farben ebenfalls in unserem Leben zur Geltung zu bringen. Ich habe erlebt, wie völlig „grüne" Gemeinden (mit allen ihren Grenzen und Gefahren) sich immer stärker in die rote und blaue Dimension bewegt haben; und ich habe ebenso erlebt, wie „rote" und „blaue" Gemeinden einen radikalen Vorstoß in den „grünen" Bereich wagten und so effektiver in ihrem Dienst wurden.

Wenn Sie den Ausgangspunkt verschiedener Gemeinden beschreiben wollen, brauchen Sie im oben stehenden Diagramm drei Kreise: einen im grünen, einen im roten und einen im blauen Segment. Es gibt nur einen Kreis, der alle drei Farben umfasst – und das ist ein Kreis um das Zentrum herum. Nehmen Sie dies als Bild für die Reise, zu der ich Sie einladen möchte. Was auch immer Ihr Ausgangspunkt sein mag, je mehr Sie sich auf das Zentrum zubewegen, desto stärker werden Sie alle drei Farben widerspiegeln.

Kapitel 1: Grundlagen

Ziel: Der 3-Farben-Christ

Die drei Farben stehen für drei verschiedene Dimensionen des Lebens. Das Ziel jedes Christen sollte sein, Gott in alle drei Bereiche bewusst einzuladen. Auf diese Weise werden wir zu „3-Farben-Christen". Dieser Ausdruck bedeutet keineswegs, dass wir „vollkommen" wären. Das wäre unrealistisch. Der 3-Farben-Christ wird nicht immer alle drei Farben widerspiegeln, aber es ist seine tiefe Sehnsucht, es zunehmend zu tun. Wir können nur dann geistliche Frucht erwarten, wenn wir alle drei Dimensionen in unser Leben integrieren.

Der 3-Farben-Christ wird nicht immer alle drei Farben widerspiegeln, aber es ist seine tiefe Sehnsucht, es zunehmend zu tun.

Sind Sie ein 3-Farben-Christ?

Wenn Sie herausfinden möchten, inwieweit Sie bereits ein 3-Farben-Christ sind, ist es hilfreich, verschiedene Bereiche zu überprüfen. Es mag sein, dass Sie in einigen Bereichen Ihres Lebens „blaue" Tendenzen zeigen, während in anderen „rot" oder „grün" überwiegt. Werfen Sie doch einmal einen Blick auf die sechs Diagramme unten auf dieser Doppelseite. Jedes Bild stellt einen Aspekt der Wirklichkeit dar – ich könnte hunderte weitere Beispiele hinzufügen – und zeigt die spezifisch „grüne", „rote" und „blaue" Dimension des jeweiligen Punktes.

Mit dem *ersten Diagramm* haben wir uns bereits beschäftigt. Es stellt drei grundlegende Werke Gottes dar: Schöpfung (grünes Segment), Golgatha (rotes Segment) und Pfingsten (blaues Segment). Im Leben der meisten Christen hat eine dieser Farben (oder auch zwei) mehr Bedeutung als die anderen. Das ist normal. Wir sollten uns jedoch hüten, irgendeines der drei Werke aus unserem christlichen Erleben zu verbannen.

Schauen Sie sich das *zweite Diagramm* an, das drei Lebensbereiche beschreibt. Die alten Griechen benutzten für diese Dreiheit die Begriffe „Körper" (grünes Segment), „Seele" (rotes Segment) und „Geist" (blaues Segment). Nun könnte man mit Recht fragen, inwieweit eine Trennung dieser Bereiche wirklich „christlich" ist. Meine Antwort ist: Jede Art von Trennung wäre gerade nicht christlich. Vielmehr beschreibt die Integration aller drei Bereiche das biblische Ziel. Ist einer davon wichtiger für Sie als die anderen beiden?

Drei Werke Gottes

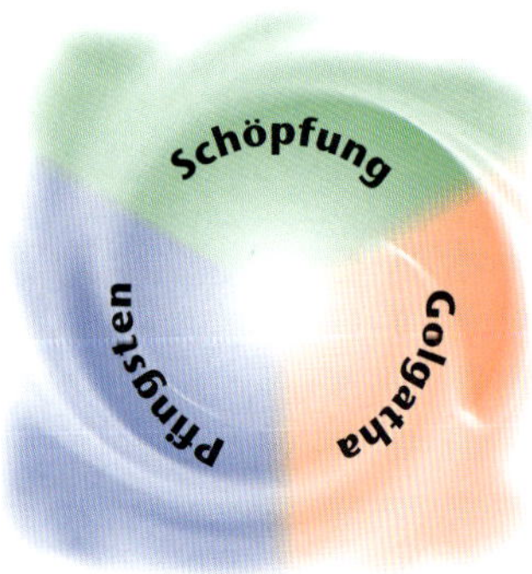

Drei Lebensbereiche

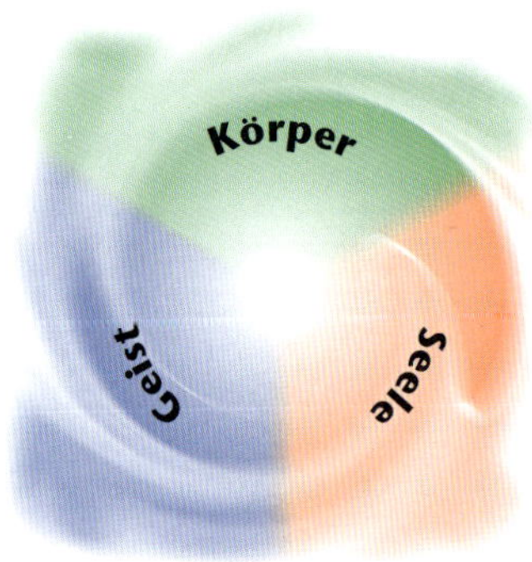

Drei Bekehrungen

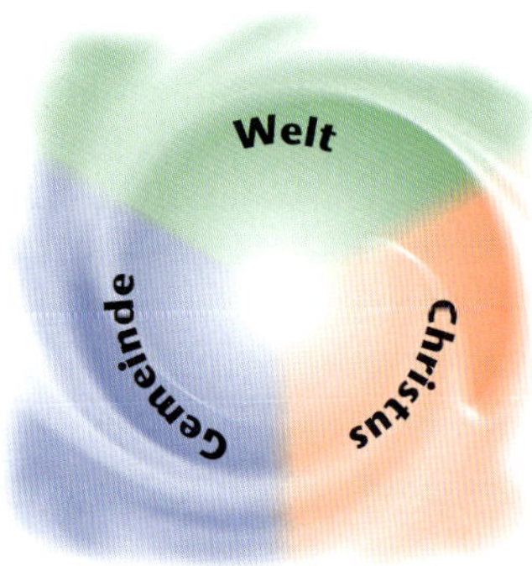

Nun schauen Sie sich das *dritte Diagramm* an. Graf Zinzendorf, einer der Väter des Pietismus und folglich der heutigen evangelikalen Bewegung, lehrte, dass jeder Christ drei „Bekehrungen" brauche: Erstens eine Bekehrung von der Welt zu Christus (rotes Segment); zweitens eine Bekehrung zur Gemeinde (blaues Segment); und drittens eine Bekehrung zurück zur Welt (grünes Segment). Wird diese dritte Stufe nicht erreicht, werden wir wahrscheinlich nicht sonderlich effektiv in unserem Dienst für Andere sein. An welcher Stelle stehen Sie derzeit in Ihrer geistlichen Entwicklung?

Wir können nur dann geistliche Frucht erwarten, wenn wir alle drei Dimensionen in unser Leben integrieren.

Das *vierte Diagramm* stellt drei Autoritäten dar: Wissenschaft (grünes Segment), Bibel (rotes Segment) und Erfahrung (blaues Segment). Jeder Bereich ist wichtig und keiner sollte herabgesetzt oder ausgeschlossen werden – aber nicht alle Bereiche haben die gleiche Bedeutung. Welche dieser drei Autoritäten ist in Ihren täglichen Entscheidungen die bestimmende?

Im *fünften Diagramm* finden Sie drei Tendenzen, die sich in der Christenheit unschwer erkennen lassen. Ist es wirklich Zufall, dass jede Tendenz eine besondere Nähe zu einer der drei Farben hat? Liberale betonen die Schöpfungsoffenbarung (grünes Segment), Evangelikale die Heilsoffenbarung (rotes Segment) und Charismatiker die persönliche Offenbarung (blaues Segment). Fühlen Sie sich in einer dieser drei Gruppen wohler als in den anderen?

Das *sechste Diagramm* beschreibt die Gefahren der drei Gruppen: Die Gefahr der Liberalen ist „Synkretismus", ein Religionsmischmasch (grünes Segment). Die Gefahr der Evangelikalen ist „Dogmatismus", eine Überbewertung der „reinen Lehre" (rotes Segment). Die Gefahr der Charismatiker schließlich ist „Spiritualismus", eine Abwertung alles Geschöpflichen, Geordneten, Rationalen (blaues Segment). Mit diesen Aussagen möchte ich nicht sagen, dass jeder Evangelikale zum Dogmatismus neigt, jeder Liberale synkretistisch ist, etc. Diese Gefahren ergeben sich jedoch in dem Moment, wo eines der drei Elemente von den anderen isoliert wird. Irrlehre ist nicht notwendigerweise das Gegenteil der Wahrheit; oft ist es etwas sehr viel Subtileres: eine Halbwahrheit. Sind Sie jemals einer der drei genannten Gefahren begegnet?

Drei Autoritäten

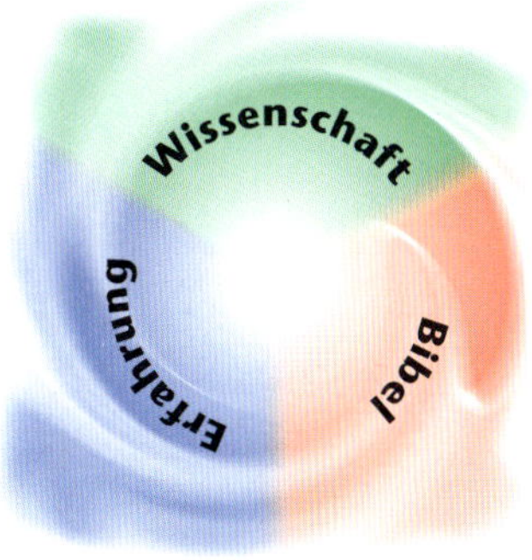

Drei Tendenzen

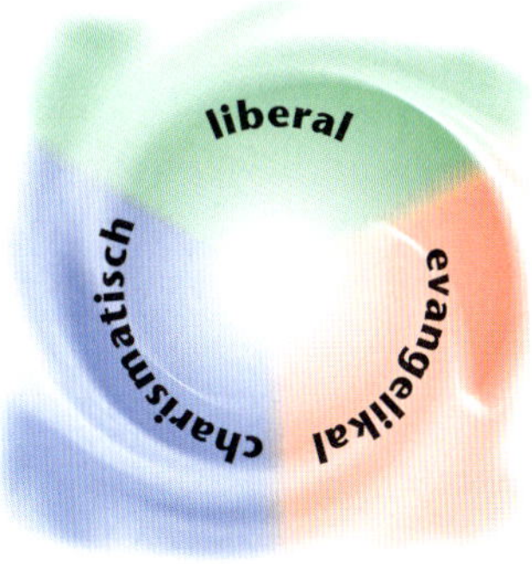

Drei Gefahren

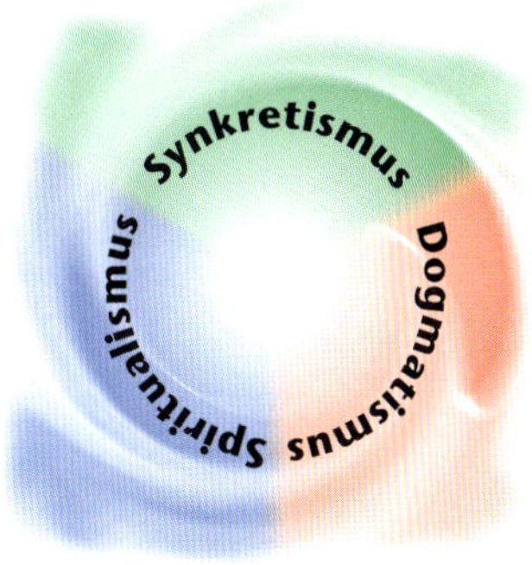

Im Hintergrund der drei Farben, wie sie in diesem Buch verwendet werden, stehen Gottes große Taten in der Geschichte: die „Schöpfungsoffenbarung" (grünes Segment) mit dem Symbol des Regenbogens; die „Heilsoffenbarung" (rotes Segment) mit dem Symbol des Kreuzes; und schließlich die „persönliche Offenbarung" (blaues Segment) mit dem Symbol der Taube.

Der Weg zu einem ausgewogenen, biblischen Glauben

Schöpfung, Golgatha und Pfingsten – alle drei Begriffe sind fundamental für einen gesunden, ausgewogenen, biblischen Glauben. Lassen Sie mich ein wenig übertreiben, um mein Anliegen deutlich zu machen: Es scheint Menschen zu geben, für die allein Gottes Offenbarung in der Schöpfung hinreichend beschreibt, worum es im christlichen Glauben geht; für andere ist dies allein Golgatha; für wieder andere allein Pfingsten. Jede dieser drei Gruppen hat Recht in ihrem Kampf für ihr jeweiliges Anliegen; aber jede setzt sich in dem Moment ins Unrecht, wo sie dieses Anliegen gegen die jeweils anderen Gruppen ausspielt.

In diesem Buch möchte ich Sie dazu einladen, ein echter 3-Farben-Christ zu werden: vollmächtig (blaues Segment), engagiert (rotes Segment) und gleichzeitig weise (grünes Segment). Ist dieses Ziel realstisch? Und ob! Es entspricht Gottes Plan für jeden einzelnen von uns – auch für Sie.

Drei Dimensionen des Dienstes

Kapitel 1: Grundlagen

Was hat all dies mit „gabenorientierter Mitarbeiterschaft" zu tun? Wenn wir dieses Thema von der Erkenntnis aus angehen, dass es *einen* Gott gibt, der sich auf drei unterschiedliche Weisen offenbart hat, dann hat das weit reichende Folgen. Jede der drei Farben entspricht einer besonderen Dimension des Dienstes. Für jeden von uns ist es wichtig zu erkennen, in welchem dieser drei Bereiche wir bereits stark sind – und in welchen Bereichen wir ganz besonders auf weiteres Wachstum angewiesen sind.

Vollmacht plus Engagement plus Weisheit - das ist der Schlüssel zu geistlicher Frucht.

Geistliche Gaben und die Trinität

In 1. Korinther 12,4-6 führt Paulus ein wahrhaft „trinitarisches" Verständnis von geistlichen Gaben ein: „Es gibt verschiedene Arten von Gaben", schreibt er, „aber es ist derselbe Geist. Und es gibt verschiedene Arten von Aufgaben, aber es ist derselbe Herr. Und es gibt verschiedene Arten von Wirkungen, aber es ist derselbe Gott."

Aus dem Diagramm unten auf dieser Seite können Sie sehen, wie diese Verse mit den drei Farben blau, rot und grün zusammenhängen. Geistliche *Gaben* werden dem Heiligen *Geist* zugeordnet (blauer Bereich). *Aufgaben* werden dem *Herrn* zugeordnet, ein Ausdruck, der sich im neutestamentlichen Sprachgebrauch in der Regel auf Jesus bezieht (roter Bereich). Die *Wirkungen* schließlich werden *Gott* zugeordnet (übersetzt in die Begriffssprache, die wir bislang benutzt haben, ist dies Gott der Schöpfer und gehört folglich zum grünen Bereich).

Wir sollten beachten, dass es in diesem Abschnitt des Korintherbriefes keineswegs um eine Zerteilung der drei genannten Bereiche geht. Ganz im Gegenteil: Es ging Paulus gerade darum, den Korinthern (die so stark im Auf- und Zerteilen waren) zu zeigen, dass alle drei Bereiche unauflöslich zusammengehören. Probleme fangen immer in dem Moment an, wo wir einen dieser Bereiche von den anderen isolieren.

Das grundlegende Konzept

Auf den ersten Blick mag all dies noch relativ abstrakt erscheinen. In dem Moment jedoch, wo wir uns den Konzepten zuwenden, die hinter den drei Farben stehen, wird es ungeheuer praktisch. Um diese Konzepte zu beschreiben, habe ich die Begriffe *Vollmacht, Engagement* und *Weisheit*

1. Korinther 12,4-6 beschreibt drei Dimensionen (Gaben, Aufgaben, Wirkungen) und ihre Beziehung zum dreieinigen Gott.

*Es gibt verschiedene Arten von **Gaben**, aber es ist derselbe **Geist**.*	**Geist** ⇒	**Gaben**	**Vollmacht**
*Es gibt verschiedene Arten von **Aufgaben**, aber es ist derselbe **Herr**.*	**Jesus** ⇒	**Aufgaben**	**Engagement**
*Es gibt verschiedene Arten von **Wirkungen**, aber es ist derselbe **Gott**.*	**Schöpfer** ⇒	**Wirkungen**	**Weisheit**

Dieses Diagramm zeigt die drei Dimensionen des Dienstes (Vollmacht, Engagement und Weisheit) und ihre Beziehung zu den drei Farben blau, rot und grün. Von Ihrem eigenen Ausgangspunkt hängt es ab, was Sie am nötigsten brauchen, um in Ihrem Verantwortungsbereich effektiver zu werden. Für einige Christen ist Vollmacht das größte Bedürfnis, für andere Engagement, und für wieder andere Weisheit.

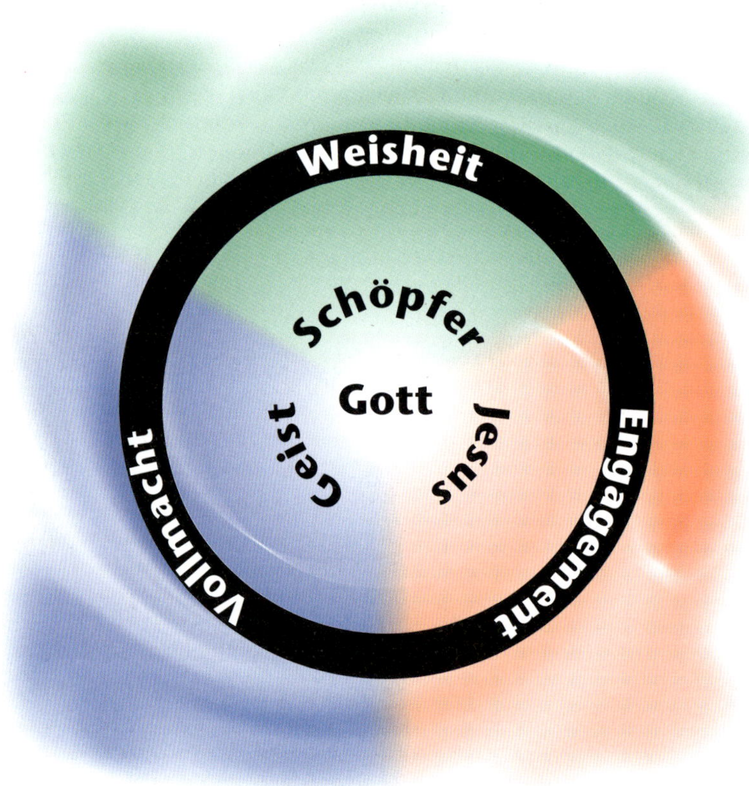

gewählt. „Vollmacht" ist den geistlichen Gaben zugeordnet (blaues Segment), „Engagement" den Aufgaben (rotes Segment) und „Weisheit" schließlich dem geschöpflichen Bereich (grünes Segment).

Auf den Seiten 18-20 werden wir einen näheren Blick auf diese drei Begriffe werfen und sehen, was sie im biblischen Sprachgebrauch bedeuten. An dieser Stelle ist mein Anliegen lediglich, die zentrale Bedeutung eines trinitarischen Ansatzes im Blick auf gabenorientierte Mitarbeiterschaft zu zeigen.

Dieses Diagramm zeigt, dass „Gaben/Vollmacht" und „Aufgaben/Engagement" zwei Pole bilden, die aufeinander bezogen werden müssen. Was beide Pole zusammenbringt, ist die „Weisheit", die im grünen Segment (in Gottes Schöpfung) zu finden ist.

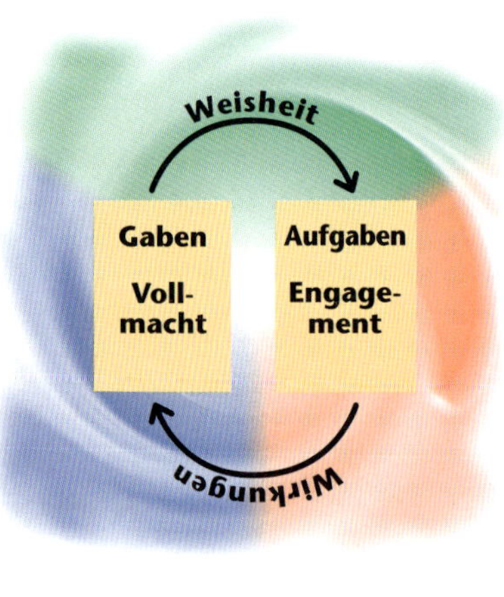

Die Grafik oben auf dieser Seite bezieht diese Konzepte auf das trinitarische Diagramm, das wir auf den ersten Seiten dieses Buches benutzt haben. Die kleine Grafik (links) zeigt, dass „Gaben/Vollmacht" und „Aufgaben/Engagement" zwei Pole bilden. Vollmacht ohne Engagement ist nutzlos, aber

Engagement ohne Vollmacht ist fruchtlos. Gabenorientierte Mitarbeiterschaft bedeutet, dass Gaben und Aufgaben, Organismus und Organisation, linker Pol und rechter Pol, blaue Farbe und rote Farbe aufeinander bezogen werden. Und die interessante Entdeckung: Das, was beide Pole zusammenbringt, ist die „Weisheit", die sich im grünen Segment finden lässt.

Für einige ist der Schlüssel zum Erfolg Vollmacht, für andere ist es Engagement und für wieder andere ist es Weisheit.

Der wichtigste Punkt

Was ist dann der wichtigste Punkt in Ihrem Leben: Vollmacht, Engagement oder Weisheit? Die Antwort auf diese Frage hängt allein davon ab, was Ihr persönlicher Ausgangspunkt ist.

Sind Sie bereits stark in Vollmacht und Weisheit, aber schwach im Engagement? Oder sind Sie stark im Engagement und in Weisheit, aber Ihnen fehlt geistliche Vollmacht? Oder gehören Sie zu denjenigen hingegebenen Christen, die sowohl vollmächtig als auch engagiert sind, denen es aber an Weisheit mangelt? Wenn Sie eine Antwort auf diese Fragen gefunden haben, dann wissen Sie auch, welche Richtung Ihre geistliche Reise nehmen sollte.

Das, was sich hinter den drei Farben des Dienstes verbirgt, ist ein zutiefst praktisches Thema. Die Bibel beschreibt immer wieder, wie diese drei Dimensionen zusammenspielen. Ein schönes Beispiel dafür ist Kolosser 1,9-11, wo Paulus seine Gebete für die Gemeinde in Kolossae zusammenfasst: „Darum lassen wir ... nicht ab, für euch zu beten und zu bitten, dass ihr erfüllt werdet mit der Erkenntnis seines Willens in aller geistlichen Weisheit und Einsicht, dass ihr des Herrn würdig lebt, ihm in allen Stücken gefallt und Frucht bringt in jedem guten Werk und wachst in der Erkenntnis Gottes und gestärkt werdet mit aller Kraft durch seine herrliche Macht." Wie Sie aus dem Diagramm unten auf dieser Seite sehen können, sind in diesem Abschnitt alle drei „Farben" deutlich zu erkennen.

Kolosser 1,9-11 ist ein weiteres Beispiel für die zentrale Bedeutung der drei Dimensionen im christlichen Dienst.

Für einige ist der Schlüssel zum Erfolg Vollmacht, für andere ist es Engagement und für wieder andere ist es Weisheit. Ohne Zweifel: Vollmacht plus Engagement plus Weisheit – das ist der Schlüssel zu geistlicher Frucht.

Darum lassen wir ... nicht ab, für euch zu beten und zu bitten, ...	**Gebet für:**
... dass ihr erfüllt werdet mit der Erkenntnis seines Willens in aller geistlichen Weisheit und Einsicht, ...	**• Weisheit**
... dass ihr des Herrn würdig lebt, ihm in allen Stücken gefallt und Frucht bringt in jedem guten Werk ...	**• Engagement**
... und gestärkt werdet mit aller Kraft durch seine herrliche Macht.	**• Vollmacht**

Kapitel 1: Grundlagen

Die Farbe rot: Engagement

Die Farbe rot erinnert uns an das, was Jesus am Kreuz für uns getan hat. Zugleich ist sie ein Symbol unseres Engagements für ihn. Es ist gewiss kein Zufall, dass 1. Korinther 12,4-6 unsere „Aufgaben" (wir könnten auch übersetzen: „Dienste") auf den „Herrn", also Jesus bezieht. Philipper 2,5-8 beschreibt das, worum es hier geht, in unüberbietbarer Weise: „Ein jeder sei gesinnt, wie Jesus Christus auch war. Er, der in göttlicher Gestalt war, hielt es nicht für einen Raub, Gott gleich zu sein, sondern entäußerte sich selbst und nahm Knechtsgestalt an, ward den Menschen gleich und der Erscheinung nach als Mensch erkannt. Er erniedrigte sich selbst und ward gehorsam bis zum Tode, ja zum Tode am Kreuz."

Rot erinnert uns an das, was Jesus am Kreuz für uns getan hat. Zugleich ist es ein Symbol unseres Engagements für ihn.

Das Kreuz auf sich nehmen

Wenn wir das Leben Jesu studieren, wie es uns im Neuen Testament bezeugt wird, dann können wir der Erkenntnis nicht ausweichen, dass es ohne Opfer keine Nachfolge gibt. Jesus betonte diesen Grundsatz immer wieder: „Will mir jemand nachfolgen, der verleugne sich selbst und nehme sein Kreuz auf sich und folge mir. Denn wer sein Leben erhalten will, der wird's verlieren, wer aber sein Leben verliert um meinetwillen, der wird's finden" (Mt. 16,24-25). Nachfolge Jesu ist kein harmloses Hobby, es ist ein Lebensstil, der seinen Preis kostet. Christsein bedeutet buchstäblich, unser Leben Gott zum Opfer zu bringen. „Ich ermahne euch nun, liebe Brüder, durch die Barmherzigkeit Gottes", schreibt Paulus in seinem Brief an die Römer, „dass ihr eure Leiber hingebt als ein Opfer, das lebendig, heilig und Gott wohlgefällig ist. Das sei euer vernünftiger Gottesdienst" (Röm. 12,1).

Es geht um Gehorsam

Manche Gruppen betonen die Bedeutung von Engagement, Dienst, Opfer und Gehorsam – und sie haben Recht. Ohne diese Hingabe würde Gemeinde Jesu Christi aufhören zu existieren. Diese Gruppen sind besorgt, die Gemeinde könnte in ihren Bemühungen, „der Welt zu gefallen", die Aufforderung zu einem selbstlosen, aufopfernden Engagement unter den Tisch fallen lassen, da dies in unserer Gesellschaft nicht Konjunktur zu haben scheint. Deshalb zitieren sie die Worte des Paulus: „Und stellt euch nicht dieser Welt gleich, sondern ändert euch durch Erneuerung eures Sinnes, damit ihr prüfen könnt, was Gottes Wille ist, nämlich das Gute und Wohlgefällige und Vollkommene" (Röm. 12,2).

Engagement ohne Vollmacht und Weisheit

Während alles dies ohne Zweifel richtig und absolut grundlegend ist, sollten wir nicht vergessen, dass es nicht *alles* ist, was uns die Bibel über christlichen Dienst zu sagen hat. Es könnte sein, dass Sie höchst engagiert sind, es Ihnen aber an geistlicher Vollmacht fehlt; oder Sie mögen aufopferungsvoll für Jesus tätig sein, aber es mangelt Ihnen an Weisheit. Sollte eine dieser Situationen auf Sie zutreffen, dann hilft es Ihnen wenig, Hingabe und Engagement noch stärker zu betonen. In diesem Fall wird der Schlüssel zu einem fruchtbareren Dienst anderswo zu suchen sein.

Die Farbe blau: Vollmacht

Kapitel 1: Grundlagen

In Apostelgeschichte 1,8 wird der auferstandene Christus folgendermaßen zitiert: „Ihr werdet die Kraft des Heiligen Geistes empfangen, der auf euch kommen wird, und werdet meine Zeugen sein in Jerusalem und in ganz Judäa und Samarien und bis an das Ende der Erde." Jeder, der ein Zeuge für Christus sein möchte, ist auf diese Kraft angewiesen. Natürlich könnten wir versuchen, uns auch ohne Vollmacht zu engagieren, nur wäre das wahrscheinlich nicht sehr effektiv. Aber genau das ist die Situation von unzähligen Christen. Sie wollen Christus gehorsam sein, aber sie spüren, dass ihnen buchstäblich „Kraft aus der Höhe" fehlt.

Im Blick auf Jesu Dienst finden wir im Neuen Testament Ausdrücke wie „die Kraft des Herrn war mit ihm, dass er heilen konnte" (Lk. 5,17). Wenn hier ausdrücklich betont wird, dass Gottes Kraft in diesem Moment „mit ihm war", können wir vermuten, dass es auch Zeiten gab, wo diese Kraft nicht vorhanden war. In Markus 6,5 erfahren wir sogar, dass Jesus in einer ganz spezifischen Situation kein einziges Wunder tun *konnte.* Auch wenn diese Aussagen Jesu Dienst beschreiben – nicht unseren eigenen –, ist es doch auffallend, dass selbst für ihn „Vollmacht" kein statischer Besitz war, sondern etwas, was vorhanden sein konnte oder eben auch nicht.

Ohne Vollmacht keine Frucht

Das gilt in noch viel stärkerem Maße für uns. Jesus lehrte seine Jünger, dass es Zeiten geben kann, wo wir schlicht zu *warten* haben – eine Tatsache, die diejenigen unter uns, die ausschließlich das Engagement auf ihre Fahnen geschrieben haben, zu übersehen neigen. „Siehe, ich will auf euch herabsenden, was mein Vater verheißen hat", sagte Jesus, „ihr aber sollt in der Stadt bleiben, bis ihr ausgerüstet werdet mit Kraft aus der Höhe" (Lk. 24,49). Das Prinzip ist klar: ohne Vollmacht („Kraft aus der Höhe") kein fruchtbarer Dienst. In einer solchen Situation die Bedeutung des Engagements zu betonen, wäre mehr als verfehlt.

Es kann sein, dass zwei Christen genau den gleichen Dienst tun, und während der eine extrem viel Frucht sieht, stellt sich beim anderen überhaupt keine Wirkung ein. Der Unterschied zwischen beiden ist nicht notwendigerweise in der Intensität ihres Engagements zu suchen (roter Bereich); er könnte schlicht dadurch zu erklären sein, inwieweit dieses Engagement von geistlicher Vollmacht begleitet wird (blauer Bereich).

Die Bibel gebraucht den gleichen Begriff für „Geist" und „Wind". Blau ist folglich ein passendes Symbol für die Kraft des Heiligen Geistes.

Das Symbol des Windes

Es ist interessant, dass sowohl im Hebräischen (der Sprache des Alten Testaments) als auch im Griechischen (der Sprache des Neuen Testaments) die Worte für „Wind" und „Geist" absolut identisch sind. Es ist kein Zufall, wenn wir in 1. Mose 2,7 lesen, dass das menschliche Leben buchstäblich damit begann, dass Gott Erde vom Acker nahm, daraus einen Menschen formte und ihm „den Odem des Lebens" in die Nase „blies". Und als Jesus nach seiner Auferstehung seinen Jüngern erschien, „blies er sie an" und sprach zu ihnen: „Nehmt hin den Heiligen Geist" (Joh. 20,22). Blau ist folglich ein passendes Symbol für die Kraft des Heiligen Geistes.

Kapitel 1: Grundlagen

Die Farbe grün: Weisheit

Weisheit gehört ohne Zweifel zu den zentralen Lehren sowohl des Alten als auch des Neuen Testaments. Eine ganze Gruppe biblischer Bücher wird als „Weisheitsliteratur" zusammengefasst (dazu gehören die Sprüche, der Prediger, im weiten Sinne aber auch das Buch Hiob und eine Reihe von Psalmen). Wir sollten auch nicht vergessen, dass ein großer Teil von Jesu irdischem Dienst in der Tradition eines alttestamentlichen „Weisheitslehrers" stand.

Die Bibel lehrt, dass Gott die Welt „durch Weisheit" geschaffen hat. Grün ist ein Symbol für die Weisheit, die wir in Gottes Schöpfung finden.

Das Neue Testament betont immer wieder die Bedeutung von Weisheit. Kolosser 4,5 ermahnt uns: „Verhaltet euch weise gegenüber denen, die draußen sind, und kauft die Zeit aus." Und in Jakobus 1,5 lesen wir: „Wenn es aber jemandem unter euch an Weisheit mangelt, so bitte er Gott, der jedermann gern gibt und niemanden schilt; so wird sie ihm gegeben werden."

Das Wesen von Weisheit

Aber was genau bedeutet Weisheit im biblischen Sinne? Es ist Wissen, das auf konkrete Situationen angewandt wird. Weisheit ist also etwas sehr Praktisches. Der „Weise" in der Bibel ist nicht der abstrakte Philosoph oder der spekulative Theoretiker, sondern ein Mensch, der sein Wissen auf Fragen beziehen kann, die Menschen bewegen. Weisheit ist das Gegenteil von Dogmatismus, Ideologie und dem Denken in Schwarz-Weiß-Kategorien. In der Begrifflichkeit unseres dreifarbigen Diagramms bedeutet das: Weise Menschen sind – im Idealfall – dazu in der Lage, alle drei Farben aufeinander zu beziehen. Sie wissen, dass Sie geistlicher Vollmacht bedürfen (blaues Segment) und dass alle Weisheit zu konkreten Aktionen führen muss (rotes Segment).

Wie Weisheit entarten kann

Ich sagte sehr bewusst „im Idealfall", denn in vielen Fällen trifft dies einfach nicht zu. Weisheit kann von den anderen beiden Bereichen isoliert werden. Beispiele dafür finden wir sowohl im Alten als auch im Neuen Testament. In vielen Fällen, in denen Paulus diesen Begriff benutzt, steht er ihm dann auch eher kritisch gegenüber. Wer sich diese Stellen näher anschaut, wird feststellen, dass Paulus niemals Weisheit im oben beschriebenen Sinne kritisiert, sondern immer ein Verständnis von Weisheit, das entweder von geistlicher Kraft oder vom Engagement absieht – oder sogar von beidem.

Weisheit und Schöpfung

Das biblische Weisheitsverständnis ist durchgehend auf die Schöpfung bezogen. Die Bibel lehrt uns, dass Gott die Welt „durch Weisheit" geschaffen hat (Spr. 3,19). Da sie ihre Wurzeln in der Schöpfung hat, ist Weisheit keine exklusiv christliche Angelegenheit. Nichtchristen können genauso viel Weisheit haben. Im Alten Testament wird Weisheit als etwas Internationales und Interreligiöses gesehen. In 1. Könige 5,10 ist ganz unbefangen davon die Rede, dass es Weisheit auch außerhalb Israels in Ägypten und bei den „Ostleuten" gab. Wenn wir in der Weisheit wachsen wollen, gibt es auch für uns außerhalb des christlichen Bereichs eine Menge zu lernen.

Welche Farben spiegeln Sie?

Kapitel 1: Grundlagen

Die Botschaft dieses Buches ist einfach. Fehlt es Ihnen an Vollmacht? Dann entdecken Sie Ihre geistlichen Gaben. Ist Engagement Ihr Schwachpunkt? Dann beziehen Sie Ihre Gaben auf konkrete Aufgaben. Haben Sie beides getan und trotzdem den Eindruck, dass Ihr Dienst nicht so fruchtbar ist, wie er eigentlich sein könnte und sollte? Dann streben Sie nach mehr Weisheit. Nur wer seinen Ausgangspunkt kennt, kann die richtigen Schritte in die Zukunft tun.

Sechs mögliche Farb-Kombinationen

Wie aber können Sie herausfinden, was Ihr Ausgangspunkt ist? Auf den folgenden Seiten möchte ich sechs biblische Beispiele beschreiben, wobei jedes Beispiel eine von sechs möglichen Situationen darstellt:

1. Stark in Weisheit – schwach in Vollmacht und Engagement
2. Stark im Engagement – schwach in Vollmacht und Weisheit
3. Stark in Vollmacht – schwach in Engagement und Weisheit
4. Stark in Engagement und Weisheit – schwach in Vollmacht
5. Stark in Vollmacht und Engagement – schwach in Weisheit
6. Stark in Weisheit und Vollmacht – schwach im Engagement

Wie Gott mit unvollkommenen Menschen umgeht

Als ich mich mit biblischen Beispielen dieser Art beschäftigte, war ich vor allem daran interessiert, wie Gott mit unvollkommenen Menschen umgeht. In aller Regel setzt er nicht mit einer Kritik ihrer jeweiligen Schwachpunkte an, sondern damit, dass er diejenigen Bereiche, in denen sie bereits stark sind, anerkennt. Übersetzt in die Sprachlichkeit unseres dreifarbigen Diagramms heißt das: Er weiß die Farbe(n), die im Leben dieser Menschen bereits dominant sind, sehr wohl zu schätzen. Und erst dann öffnet er ihnen die Augen für diejenigen Bereiche, in denen sie noch nicht stark sind, und hilft ihnen, in diese Bereiche hineinzuwachsen. Wollten wir dies wiederum in die Bildsprache unseres dreifarbigen Diagramms übersetzen, hieße das: Er hilft ihnen dabei, sich auf das Zentrum des Bildes zuzubewegen.

Nur wer seinen Ausgangspunkt kennt, kann die richtigen Schritte in die Zukunft tun.

Braucht jeder das Gleiche?

In gewisser Weise benötigten alle sechs biblischen Figuren, die ich beschreiben möchte, genau das Gleiche: dass sie sich nämlich stärker auf das Zentrum zubewegten. Die konkreten Schritte jedoch, die jeder von ihnen tun musste, um zu diesem Zentrum zu gelangen, unterschieden sich je nach Ausgangspunkt erheblich voneinander. Wir könnten also genauso gut sagen: Jede dieser Personen brauchte *etwas Anderes,* um schließlich am gleichen Zielpunkt anzukommen.

Wenn Gott mit Menschen in dieser Weise umgeht, dann möchte ich mir das zum Vorbild nehmen. Betrachten Sie die folgenden Seiten als eine Einladung: Sie werden diejenigen Bereiche Ihres Lebens ausfindig machen, in denen Sie bereits stark sind, und gleichzeitig werden Sie auf Bereiche stoßen, in denen Sie auf weiteres Wachstum angewiesen sind.

Kapitel 1: Grundlagen

Ausgangspunkt 1: Thomas

Der Apostel Thomas („Der Zweifler") ist ein hervorragendes Beispiel für einen Ausgangspunkt, den ich als „Kritisierer" bezeichnen möchte (siehe Diagramm auf Seite 23). Schauen wir zunächst einmal auf Thomas' Stärke: seine kritische, hinterfragende Haltung, die stets der Sache auf den Grund gehen wollte. Wir sollten nie vergessen, dass einer der zentralen Sätze Jesu – „Ich bin der Weg und die Wahrheit und das Leben; niemand kommt zum Vater denn durch mich" – durch eine jener typischen Fragen des Thomas provoziert wurde (Joh. 14,5-6). Wenn Menschen wie Thomas uns nicht mit ihren (bisweilen unbequemen) Fragen belästigten, würde es in der Christenheit wohl kaum nennenswerte Fortschritte geben.

Während der Kritisierer relativ stark in „Weisheit" ist, heißen seine Wachstumsbereiche „Vollmacht" und „Engagement".

Wir brauchen in unseren Gemeinden Leute wie Thomas, die nicht bereit sind, Vorgegebenes als selbstverständlich zu akzeptieren. Sie wollen Begründungen hören. Sie wollen Beweise sehen. Niemand sollte sie *dafür* kritisieren, auch wenn sie die Ruhe vieler Menschen bisweilen ganz schön durcheinander wirbeln mögen. Jeder von uns wäre gut beraten, von dieser Haltung zu lernen.

Thomas' Schwächen

Das Neue Testament zeigt uns aber auch, dass die Stärke des Thomas gleichzeitig seine Schwäche war. Nach meiner Erfahrung ist es relativ häufig, dass Menschen mit so starken analytischen Fähigkeiten in den anderen beiden Bereichen nur schwach entwickelt sind. So herausragend sie auch im Reflektieren und Hinterfragen sein mögen, Engagement und Vollmacht gehören nicht zu ihren Stärken. Sie sind häufig einfach nicht da, wenn sich entscheidende geistliche Dinge ereignen, und folg-

Beispiel: Gordon aus England

Gordon ist ein junger anglikanischer Priester, der sich hartnäckig weigert, in irgendeine theologische „Schublade" gesteckt zu werden. Gleichwohl scheint er eine gewisse Nähe zum **„liberalen Flügel"** seiner Kirche zu haben. Gordon ist ein geistlicher Mensch mit **profunden Einsichten** nicht nur in das Wort Gottes, sondern auch in die praktische Anwendung biblischer Prinzipien. Seine Vorträge bieten eine brillante **Analyse der Christenheit** und deuten oft auf offene Wunden der verschiedenen christlichen Gruppen. Kaum etwas scheint seinen **hoch gesteckten Standards** wirklich zu genügen. Seine Kritik an bestimmten evangelistischen Methoden zum Beispiel ist häufig gerechtfertigt und seine evangelikalen und charismatischen Freunde (und Gegner) täten gut daran, sorgfältiger auf diese Kritik zu hören. Es ist jedoch auffallend, dass Gordon nur sehr selten Vorschläge macht, wie die von ihm kritisierten Praktiken denn ganz konkret verbessert werden können. Und wenn in seiner Umgebung Evangelisation geschieht (rotes Segment), dann fällt Gordon gewöhnlich durch seine **Abwesenheit** auf.

Seine Kritik würde so viel mehr Gewicht bekommen, wenn andere spürten: Gordon setzt sich für das Gleiche ein wie wir. Wenn er die Grenzen eines **rein rationalen Ansatzes** erkennen und seinem Herzen (blaues Segment) mehr Aufmerksamkeit schenken würde, könnte er es sich auch leisten, seine bisweilen recht **einsame Position** zu verlassen.

Der Ausgangspunkt eines „Kritisierers" wie zum Beispiel Thomas. Seine Stärke liegt im grünen Bereich (Weisheit), seine Schwächen sowohl im blauen (Vollmacht) als auch im roten Bereich (Engagement).

lich verpassen sie auch die Bevollmächtigung, die in solchen Situationen geschieht. Wir wissen zwar nicht warum – aber es ist doch auffallend, dass ausgerechnet Thomas nicht anwesend war, als Jesus den Jüngern nach seiner Auferstehung erschien (Joh. 20,24). Bei dieser Gelegenheit sagte er: „Nehmt hin den Heiligen Geist" (Joh. 20,22). Thomas verpasste schlicht dieses wichtige Ereignis.

Wie Jesus mit Thomas umging

Es ist charakteristisch für Menschen wie Thomas, dass sie sagen: „Wenn ich nicht in seinen Händen die Nägelmale sehe und meinen Finger in die Nägelmale lege und meine Hand in seine Seite lege, kann ich's nicht glauben" (Joh. 20,25). Aber jetzt kommt der bemerkenswerteste Teil der ganzen Geschichte. Jesus reagierte auf diese Worte nicht, indem er Thomas für diese Schwäche kritisierte: „Ich befehle dir, von deinen Zweifeln zu lassen und Buße zu tun." Vielmehr ging er auf Thomas' Stärke ein, indem er dessen Sehnsucht nach Beweisen erfüllte: „Reiche deine Hand her und lege sie in meine Seite." Und *erst dann* sagte er: „Sei nicht ungläubig, sondern gläubig!" (Joh. 20,27). Auf diese Weise erschloss er Thomas einen Wachstumsbereich, der noch vor ihm lag: „Weil du mich gesehen hast, Thomas, darum glaubst du. Selig sind, die nicht sehen und doch glauben!" (Joh. 20,29).

Kapitel 1: Grundlagen

Ausgangspunkt 2: Martha

Der Ausgangspunkt von „Manipulierern" ist ein anderer. Sie sind stark im roten Bereich (siehe Diagramm auf Seite 25). Diese Menschen sind in der Regel nicht sehr empfänglich für Lehre über geistliche Gaben oder Weisheit. In ihren Augen ist das viel zu theoretisch. Sie möchten, dass sich etwas bewegt, und sie gehören in der Regel zu denen, auf die man sich verlassen kann.

Ein schönes biblisches Beispiel für diesen Ausgangspunkt ist Martha. In Lukas 10,38-42 erfahren wir, dass sie es war, die Jesus aufnahm und – ganz anders als ihre Schwester Maria – „sich viel zu schaffen" machte, „ihm zu dienen". Dies ist typisch für Leute wie sie. Ihre Stärke ist Engagement. Ohne die selbstlose Hingabe der „Marthas" dieser Welt müssten wir wahrscheinlich die meisten Gemeinden schließen.

Während der Manipulierer relativ stark im „Engagement" ist, heißen seine Wachstumsbereiche „Vollmacht" und „Weisheit".

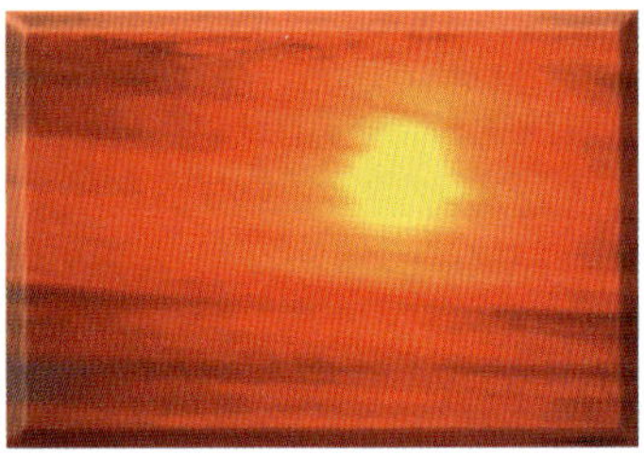

Marthas Schwächen

Diese dienende Haltung ist Marthas große Stärke, und Jesus kritisierte diese Eigenschaft mit keinem Wort. Die eben erwähnte Geschichte zeigt uns aber auch Marthas Schwachpunkte: „Martha aber machte sich viel zu schaffen, ihm (Jesus) zu dienen. Und sie trat hinzu und sprach: Herr, fragst du nicht danach, dass mich meine Schwester lässt allein dienen? Sage ihr doch, dass sie mir helfen soll!" (Lk. 10,40). Mit anderen Worten, sie versuchte ihre Schwester Maria zu manipulieren, damit sie genauso aktiv würde wie sie selbst. Wie so viele Menschen, die ihren Ausgangspunkt teilen, hatte sie keinen stark entwickelten Sinn für das rechte „timing" *(kairos),* was wiederum für weise Menschen kennzeichnend wäre (grünes Segment).

Beispiel: Michael aus Australien

Ich traf Michael während eines Seminars über „Die dreifache Kunst Gott zu erleben". Während einer Kaffeepause kam er auf mich zu und sagte: „Christian, was du da lehrst, ist ja alles schön und gut, aber es ist doch sehr theoretisch. Wenn etwas getan werden muss, **dann tue ich es einfach!** Ich glaube nicht, dass alle diese hochtrabenden Reflexionen über Gaben und Weisheit wirklich etwas bringen. Wenn du die Teilnehmer dieses Seminars motivieren könntest, sich in der Gemeinde mehr zu engagieren, anstatt Fragebögen auszufüllen und über ihre Ausgangspunkte nachzudenken, dann wären wir erheblich weiter." Später erfuhr ich von seinem Pastor, dass Michael tatsächlich praktiziert, was er predigt. Wann immer in der Gemeinde etwas zu tun ist, **kann der Pastor auf ihn zählen**. Zugleich jedoch neigt Michael dazu, Gemeindegliedern, die sein vorbildliches Engagement nicht teilen, ein **schlechtes Gewissen** zu machen. Wenn er einen Arbeitsbereich leitet, dann kann es sein, dass er eine negative Atmosphäre verbreitet, indem er seine Mitchristen **drängt**, doch endlich härter zu arbeiten.

Sein Dienst könnte so viel effektiver sein und ihm gleichzeitig mehr Freude machen, wenn er sein **tolles Engagement für Jesus und die Gemeinde** sowohl mit Zeiten des persönlichen geistlichen Auftankens (blaues Segment) als auch mit mehr Weisheit im Umgang mit seinen Mitchristen (grünes Segment) verbinden könnte.

Der Ausgangspunkt eines „Manipulierers" wie zum Beispiel Martha. Ihre Stärke liegt im roten Bereich (Engagement), ihre Schwächen sowohl im blauen (Vollmacht) als auch im grünen Bereich (Weisheit).

In Johannes 12,3 erfahren wir, dass Maria – während Martha am Tisch diente – „ein Pfund Salböl von unverfälschter, kostbarer Narde" nahm und die Füße Jesu damit salbte, so dass das Haus „vom Duft des Öls" erfüllt wurde. Das Verhalten der beiden Frauen steht im Einklang mit dem, was wir bereits von ihnen wissen: Martha war damit beschäftigt zu dienen, Maria war damit beschäftigt, Jesus ihre Verehrung zu zeigen. Die Gefahr von Menschen wie Martha besteht nun darin, dass sie bei all ihren Aktivitäten Gelegenheiten geistlicher Salbung (blaues Segment) verpassen.

Wie Jesus mit Martha umging

Jesu Reaktion auf Martha begann damit, dass er ihr selbstloses Engagement anerkannte: „Martha, Martha, du hast viel Sorge und Mühe" (Lk. 10,41). Ohne Zweifel wusste Jesus diese Art des Dienens zu schätzen, was wir durch seine Reaktionen auf andere hingegebene Menschen bestätigt finden. Als er das jedoch gesagt hatte, fügte er hinzu: „Eins aber ist not. Maria hat das gute Teil erwählt; das soll nicht von ihr genommen werden" (Lk. 10,42). Mit diesen Worten redete Jesus keineswegs geringschätzig über Marthas Engagement. Aber indem er Marias Position verteidigte, half er Martha, einen Bereich zu entdecken, in dem sie dringend auf Wachstum angewiesen war.

Kapitel 1: Grundlagen

Ausgangspunkt 3: Maria

Während Martha als Prototyp des „Manipulierers" gelten kann (der sich im roten Segment am wohlsten fühlt), ist ihre Schwester Maria Vertreterin des genau gegenteiligen Ausgangspunktes. Für Leute wie Maria kommt es einzig und allein auf das blaue Segment an (siehe Diagramm auf Seite 27). Kein Wunder, dass die beiden Schwierigkeiten miteinander hatten!

Während der Übergeistliche relativ stark in „Vollmacht" ist, heißen seine Wachstumsbereiche „Weisheit" und „Engagement".

Während wir im Johannesevangelium lesen, dass Maria die Füße Jesu mit einem Pfund kostbarem Öl salbte und mit ihrem Haar seine Füße trocknete (Joh. 12,3), wird uns bei Lukas überliefert, dass Maria sich Jesus zu Füßen setzte und seiner Rede zuhörte (Lk. 10,39). Beide Verhaltensweisen passen gut zu Leuten wie Maria. Sie haben ein stark ausgeprägtes Gespür für die geistliche Dimension (blaues Segment). Sie sind in der Lage, alles stehen und liegen zu lassen, alle Zurückhaltung aufzugeben. Leute wie sie können exzessiv, verschwenderisch sein.

Es ist nur verständlich, dass Judas Maria kritisierte: „Warum ist dieses Öl nicht für dreihundert Silbergroschen verkauft worden und den Armen gegeben?" (Joh. 12,5). Leute wie Maria kümmert es nicht, wenn sie mit derartiger Kritik konfrontiert werden. Sie werden von der inneren Überzeugung angetrieben, dass sie geistlich im Recht sind. Ich kann verstehen, warum manche Leute geradezu wahnsinnig werden können, wenn sie mit Menschen wie Maria zu tun haben. Während andere tätig sind, sich Gedanken machen und Vorbereitungen treffen, sitzen diese lediglich herum und „verschwenden" Zeit und Geld. Aber genau das ist ihre Stärke!

Beispiel: Lucía aus Argentinien

Ich begegnete Lucía bisher auf zwei Konferenzen. Beide Male war sie in einem vollmächtigen **Dienst der Fürbitte** engagiert, und ich vermute, die meisten Teilnehmer konnten spüren, was es bedeutet, wenn eine Veranstaltung durch **Gebetskämpfer** wie sie getragen wird. Zugleich jedoch vermittelte Lucía einigen der Mitarbeiter das Gefühl, sie seien „weniger geistlich" als sie, auch wenn es wahrscheinlich nicht ihre Absicht war, diesen Eindruck zu erwecken. „Christian, **das Einzige, was wir für die Gemeindeentwicklung tun können, ist Beten**", sagte sie mir. Und ich antwortete ihr: „Lucía, dein Gebetsdienst ist großartig. Aber das Gebet ist ganz sicher nicht das Einzige, was wir nach Gottes Willen tun können und sollen." Ich hatte den Eindruck, dass sie, während sie meinen Vorträgen zuhörte, dachte: „Was Christian da über Gemeindeentwicklung lehrt, ist **nicht wirklich das, worauf es ankommt**."

Um jedes Missverständnis zu vermeiden, muss ich betonen, dass Lucía wirklich eine großartige Frau ist und ihr Dienst **sichtbar von Gott benutzt** wird. Es ist keinesfalls meine Absicht, dass sie sich auch nur einen Zentimeter von ihrem Gebetsdienst zurückzieht – ganz im Gegenteil! Anstatt aber das Gebet (blaues Segment) gegen den „grünen" und „roten" Bereich auszuspielen, würde es sie geistlich weiter voranbringen, wenn sie die Bedeutung aller drei Dimensionen des Dienstes schätzen lernte.

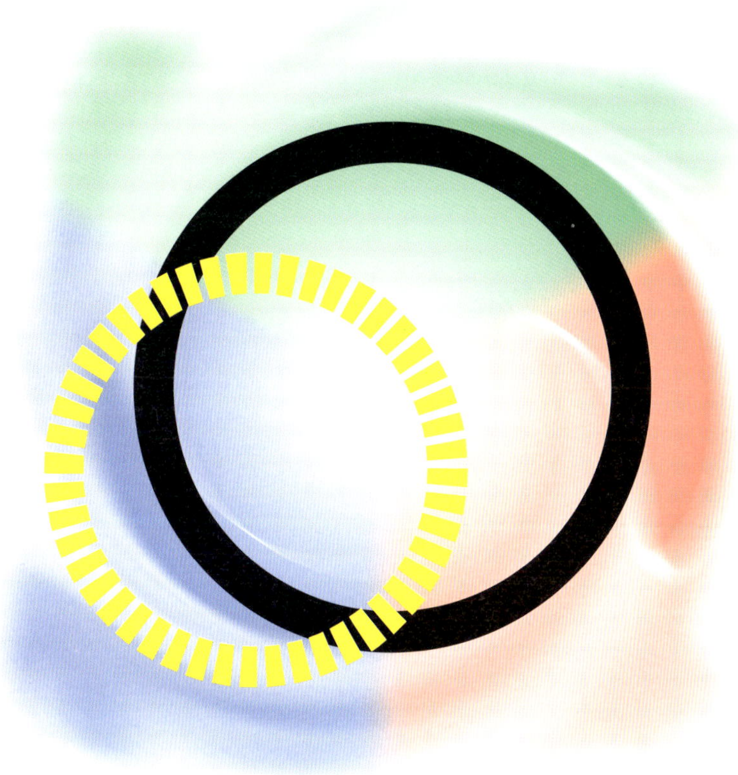

Der Ausgangspunkt eines „Übergeistlichen" wie zum Beispiel Maria. Ihre Stärke liegt im blauen Bereich (Vollmacht), ihre Schwächen sowohl im roten (Engagement) als auch im grünen Bereich (Weisheit).

Marias Schwächen

Es ist nicht ganz einfach, Marias Verhalten zu kritisieren, da Jesus es klar ins Recht setzte. Was ist dann das Problem der „Übergeistlichen"? Das Problem war nicht Marias Verhalten in dieser Geschichte; die besondere Situation rechtfertigte es. Probleme entstehen aber dann, wenn „Übergeistliche" diese Haltung zu einem grundsätzlichen Verhaltensmuster machen. Sie gehören *immer* zu denen, die herumsitzen und „geistliche Dinge" aufsaugen, während sie die praktischen Dinge des Dienstes (rotes Segment) und alle Reflexion und Planung (grünes Segment) anderen Menschen überlassen.

Wie Jesus mit Maria umging

Judas' Kritik an Maria war nicht völlig verfehlt. Als Jesus sie hörte, erkannte er zunächst die positiven Seiten von Marias Position an: „Es soll gelten für den Tag meines Begräbnisses", sagte er unter deutlicher Bezugnahme auf die kommenden Ereignisse (Joh. 12,7). Aber dann fuhr er fort: „Arme habt ihr allezeit bei euch; mich aber habt ihr nicht allezeit" (Joh. 12:8). Mit anderen Worten: Eine Zeit wird kommen, in der ihr wieder für die Armen sorgen könnt – und sollt! Ganz offensichtlich können wir aus Marias Verhalten kein allgemeines Muster für den christlichen Dienst machen.

Kapitel 1: Grundlagen

Ausgangspunkt 4: Mose

Mose ist eine gute Illustration für das, was ich einen „ausgebrannten" Gläubigen nennen möchte (siehe Diagramm auf Seite 29). Ganz sicher war mangelnde Weisheit nicht sein Problem. In Apostelgeschichte 7,22 erfahren wir, dass er „in aller Weisheit der Ägypter gelehrt" wurde, und wir können die Spuren dieser Weisheit in der ganzen Bibel verfolgen. Auch Engagement war nicht sein Schwachpunkt. Wer das Leben des Mose studiert, wird beeindruckt sein von seiner tiefen Hingabe an Gott.

Während der Ausgebrannte relativ stark in „Weisheit" und „Engagement" ist, heißt sein Wachstumsbereich „Vollmacht".

Moses Schwäche

In der Bibel finden wir aber auch zahlreiche Hinweise, dass es Mose in vielen Situationen an Kraft und Vollmacht fehlte. Ich möchte drei Beispiele nennen, die uns zugleich deutlich machen, auf welch wunderbare Weise Gott im Leben des Mose mit diesem (eingestandenen!) Mangel umging.

Das *erste* Beispiel ist Moses Berufung zu einer herausfordernden Aufgabe. Er sollte zum Pharao gehen und Gottes Volk in die Freiheit führen. Moses Reaktion auf diese Berufung fiel negativ aus. Er glaubte nicht, dass er die Kraft für diese Aufgabe habe. „Ach, mein Herr, ich bin von jeher nicht beredt gewesen", sagte er, „ich habe eine schwere Sprache und eine schwere Zunge" (2. Mose 4,10). Wie reagierte Gott auf diesen Mangel an Vollmacht? Er sandte Moses Bruder Aaron, der in Moses Auftrag mit dem Pharao reden sollte.

Das *zweite* Beispiel, das Moses Mangel an Kraft illustriert, ist der Kampf der Israeliten gegen die Amalekiter. In 2. Mose 17,10-13 lesen wir: „Mose aber und Aaron und Hur gingen auf die Höhe des Hügels. Und wenn Mose seine Hand empor hielt, siegte

Beispiel: Cathy aus den USA

Cathy gehört zu den engagiertesten Christen, denen ich je begegnet bin. Die Zahl der Aufgaben, für die sie verantwortlich ist – sowohl in ihrer Gemeinde als auch darüber hinaus – ist geradezu unglaublich. Außerdem ist Cathy **äußerst gebildet**, so dass jedes ihrer Worte großes Gewicht hat. Mir macht es jedesmal Freude, wenn ich mit ihr zu tun habe, und ich bin immer aufs Neue erstaunt, was ein einziger Mensch alles **für das Reich Gottes erreichen** kann. Einmal fragte ich sie: „Cathy, fühlst du dich zur Zeit nicht ziemlich ausgebrannt?" Sie stimmte mir sofort zu und erklärte: „Aber ist das nicht unsere Aufgabe als Christen – **auszubrennen für den Herrn**?" Cathys Problem ist nicht, dass sie sich bisweilen ausgebrannt fühlt – viele engagierte Christen gehen hin und wieder durch solche Zeiten. Ihr Problem ist, dass sie das **„Burn-out-Syndrom"** zu einer Tugend, zu ihrem Lebensstil gemacht hat.

Ich habe keinen Zweifel, dass sie langfristig noch viel effektiver in ihrem Dienst sein könnte – ja, noch effektiver als heute schon! –, wenn sie sich mehr Zeit für sich selbst nehmen würde, um zu erfahren, dass sie als Mensch in Gottes Augen **mehr zählt als all ihr aufopfernder Dienst**. Es würde ihr gut tun zu akzeptieren, dass sie **nicht alles selber machen muss**. Es gibt unzählige Christen wie Cathy, die viel mehr erreichen könnten, wenn sie zum Dienst bevollmächtigt würden (blaues Segment).

Der Ausgangspunkt eines „Ausgebrannten" wie zum Beispiel Mose. Seine Stärken liegen sowohl im grünen (Weisheit) als auch im roten Bereich (Engagement), seine Schwäche im blauen Bereich (Vollmacht).

Israel; wenn er aber seine Hand sinken ließ, siegte Amalek. Aber Mose wurden die Hände schwer; darum nahmen die beiden einen Stein und legten ihn hin, dass er sich darauf setzte. Aaron aber und Hur stützten ihm die Hände, auf jeder Seite einer. So blieben seine Hände erhoben, bis die Sonne unterging. Und Josua überwältigte Amalek und sein Volk."

Das *dritte* Beispiel schließlich ist Jethros Besuch bei Mose, wie er uns in 2. Mose 18 berichtet wird. Dort erfahren wir, dass Mose seinem Volk „vom Morgen bis zum Abend" als Richter diente. Jethro sagte ihm: „Du machst dich zu müde, dazu auch das Volk, das mit dir ist. Das Geschäft ist dir zu schwer; du kannst es allein nicht ausrichten" (2. Mose 18,18). Und er riet Mose, sich nach redlichen Menschen umzusehen, die Gott fürchteten. Diese solle er als Oberste über tausend, hundert, fünfzig und zehn einsetzen, und nur die schwierigeren Fälle sollten sie zu Mose bringen.

Wie Gott mit Mose umging

Es ist auffallend, wie Gott mit Moses offensichtlichem Mangel an Kraft umging. In allen drei Fällen sandte er Menschen, die dort stark waren, wo Mose schwach war. In der ersten Episode war dies Aaron, in der zweiten waren es Aaron und Hur, in der dritten sein Schwiegervater Jethro. Und in allen drei Fällen war der Erfolg dieser *joint ventures* bemerkenswert!

Kapitel 1: Grundlagen

Ausgangspunkt 5: Petrus

Als biblische Illustration für den „Fanatiker" habe ich Petrus ausgewählt (siehe Diagramm auf Seite 31). Leuten wie ihm fehlt es nicht an Engagement. Sie sind bereit, für ihren Herrn aufs Ganze zu gehen. Schauen Sie sich nur die Geschichte an, die manche Bibeln mit der unglücklichen Überschrift „Der sinkende Petrus" versehen haben. Wir sollten nicht vergessen, dass Petrus der einzige Jünger war, der es wagte, das Boot zu verlassen, um Jesus entgegenzugehen: „Herr, bist du es, so befiehl mir, zu dir zu kommen auf dem Wasser" (Mt. 14,28). Es ist wohl wahr, dass er später den Glauben verlor und sank, aber seine Risikofreude bleibt gleichwohl bemerkenswert. „Mutiger Petrus" oder „Einsatzfreudiger Petrus" wären wohl passendere Überschriften für diese Geschichte.

Während der Fanatiker relativ stark in „Vollmacht" und „Engagement" ist, heißt sein Wachstumsbereich „Weisheit".

Das Gleiche trifft zu, wenn wir uns die berühmte Episode anschauen, in der Petrus Jesus verleugnete (Mt. 26,69-75). Wiederum sollten wir nicht vergessen, dass Petrus vielleicht der einzige Jünger war, der Jesus bis in den Hof folgte, während die anderen längst verschwunden waren. Was für ein Mut, und was für eine Liebe zum Herrn!

Wenn wir uns das „blaue Segment" anschauen, können wir ähnliche Beobachtungen machen. In der gesamten Apostelgeschichte gibt es kaum eine andere Gestalt, deren Dienst so sehr von übernatürlichen Zeichen und Wundern begleitet war, wie der des Petrus. Er war wirklich ein Mensch voller Engagement und Vollmacht!

Petrus' Schwäche

Weisheit allerdings (das grüne Segment) schien nicht zu den Stärken des Petrus zu gehören. Als Jesus gefangen genommen

Beispiel: Sulastri aus Indonesien

Von Sulastri habe ich so viel gelernt – sowohl in **geistlicher Vollmacht als auch im Blick auf Engagement für den Herrn** –, dass ich zunächst glaubte, ihr Leben sei ein geradezu vollkommenes Muster für christlichen Dienst. Bei ihr konnte ich klar erkennen, dass sie nicht aus eigener Kraft tätig ist, sondern wirklich in der Kraft des Heiligen Geistes, und dass sie in diesem Dienst **äußerst hingegeben** ist. Aber dann erfuhr ich, dass es Sulastri – bei allem Engagement und aller Vollmacht – häufig an **Sensibilität gegenüber anderen Menschen fehlt**. Oft scheint sie einfach kein Gespür für das rechte *timing* zu haben. So kann es passieren, dass sie bisweilen wie ein **Elefant im Prozellanladen** auftritt. Es fällt ihr schwer zu verstehen, dass sie auf diese Weise – trotz aller tollen Aktivitäten – eine Menge Schaden anrichten kann. Ihre Stärke besteht nicht darin, sich einmal hinzusetzen und in Ruhe darüber nachzudenken, was sie (oder andere Christen) tun könnte, um ein bestimmtes Ziel zu erreichen. Ihr Lebensmotto heißt schlicht: **„Bete – und gehorche!"**

Aber es wäre genau diese Art von Reflexion, gepaart mit der Demut, von Anderen zu lernen (auch von denen, die ihren Grad an Vollmacht und Engagement nicht teilen), was sie in ihrem geistlichen Leben weiterbringen würde. Es ist das „grüne Segment" in unserem Diagramm, in dem für sie der Schlüssel zu noch mehr Effektivität liegt. Sulastri hat jedem von uns so viel zu sagen – wenn sie doch nur lernen könnte, **es weiser zu tun**.

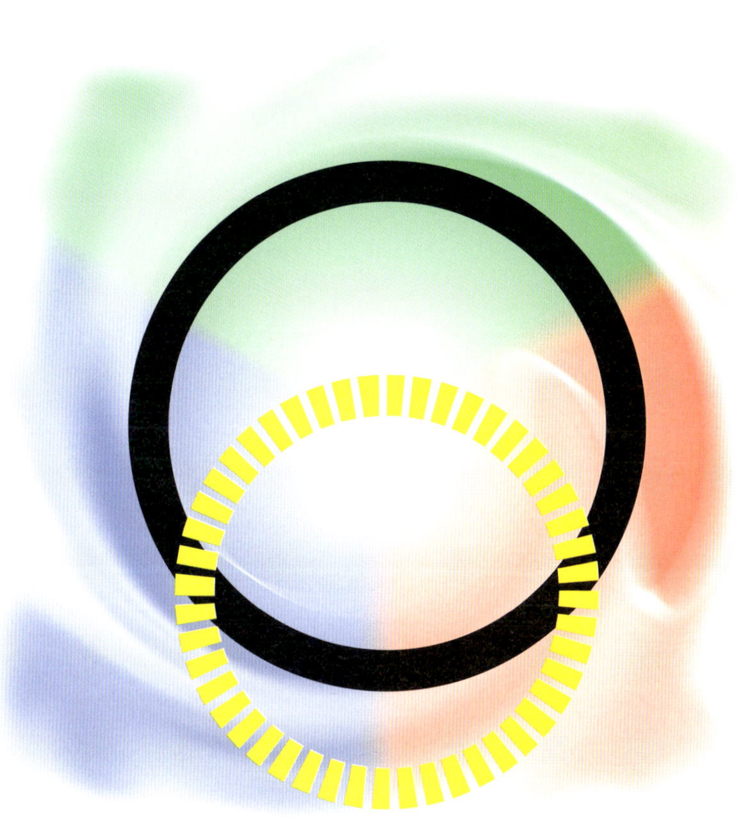

Der Ausgangspunkt eines „Fanatikers" wie zum Beispiel Petrus. Seine Stärken liegen sowohl im blauen (Vollmacht) als auch im roten Bereich (Engagement), seine Schwäche im grünen Bereich (Weisheit).

wurde, war es Petrus, der ihn zu verteidigen versuchte, indem er dem Knecht des Hohenpriesters das rechte Ohr abschlug (Joh. 18,10-11). Das Motto, das Petrus mit so vielen Menschen teilt, die den gleichen Ausgangspunkt haben, scheint zu heißen: „Es ist besser, wir machen etwas Falsches als überhaupt nichts!" So kann es schon einmal geschehen, dass ein Mensch sein Ohr verlieren muss. Leuten wie Petrus fällt es schwer zu erkennen, wie viel Schaden sie mit all ihrem vollmächtigen Engagement anrichten können, wenn es nicht von Weisheit begleitet ist.

Wie Jesus mit Petrus umging

Wir alle kennen das Ende der Geschichte. Jesus sagte Petrus: „Nicht weiter!" Er rührte das Ohr des Knechts an und heilte ihn (Lk. 22,51). Jesus sah deutlich den Mangel an Weisheit, an Ausgewogenheit und Diplomatie im Leben des Petrus, und trotzdem sagte er gerade ihm: „Du bist Petrus, und auf diesen Felsen will ich meine Gemeinde bauen" (Mt. 16,18). Es ist bemerkenswert, dass Petrus' Engagement und geistliche Vollmacht für die Leitungsposition, die Jesus vor Augen hatte, offensichtlich stärker ins Gewicht fielen als sein Mangel an Weisheit. Jesus gab Petrus immer wieder eine neue Chance, was Gelegenheiten zum Wachstum in Weisheit einschloss. Und in der Apostelgeschichte finden wir Hinweise, dass er tatsächlich Fortschritte machte.

Kapitel 1: Grundlagen

Ausgangspunkt 6: Jona

Eine der schönsten Charakterstudien, die die Bibel liefert, ist das kleine Buch Jona. Dort finden wir eine klassische Beschreibung des Ausgangspunkt, für den ich den Begriff „Der Distanzierte" gewählt habe (siehe Diagramm auf Seite 33). In diesem Buch wird Jona als ein Mann voller Weisheit und mit tiefen Einsichten beschrieben. Er wusste zum Beispiel von Beginn an, wie Gott auf die ungehorsamen Menschen von Ninive reagieren würde (Jona 4,2).

Während der Distanzierte relativ stark in „Vollmacht" und „Weisheit" ist, heißt sein Wachstumsbereich „Engagement".

In diesem Buch erfahren wir auch viel über Jonas Vollmacht. Was immer er anpackte, geriet zum vollen Erfolg. Nachdem sie Jonas Zeugnis gehört und ihn über Bord geworfen hatten, „fürchteten die Leute den Herrn sehr und brachten dem Herrn Opfer dar und taten Gelübde" (Jona 1,16). Eine direkte Frucht von Jonas Dienst!

Als er schließlich den Leuten von Ninive Gottes Botschaft predigte, war das Ergebnis wiederum bemerkenswert. Die Menschen taten Buße (Jona 3,5). Nun ist zwar richtig, dass Jona diese Reaktion nicht allzu sehr gefiel (Jona 4,1), aber gleichwohl war dies das Ergebnis eines extrem vollmächtigen Dienstes.

Jonas Schwäche

Es ist nicht schwierig, Jonas Schwachpunkt zu identifizieren. Ihm fehlte es an Hingabe, an Gehorsam, an Engagement. Er war nicht bereit, das zu tun, was der Herr ihm aufgetragen hatte. Er floh vor Gott und er floh vor dem Auftrag, den er erfüllen sollte. Oder besser gesagt, er *versuchte* zu fliehen, denn genau das ließ Gott nicht zu.

Beispiel: Ndoze aus Namibia

Ich kenne Ndoze lediglich durch diverse E-mails, aber in fast all unserer Korrespondenz kann ich Hinweise finden, dass er ein **Mensch voller Weisheit und Vollmacht** ist. Wenn es jedoch darum geht, auch langfristig am Ball zu bleiben – ganz besonders angesichts von Schwierigkeiten –, dann gibt es für ihn noch viel zu lernen. Ich kam mit Ndoze in Kontakt, als er mich zu einer Konferenz in Afrika einlud. Trotz der Beschränkungen der elektronischen Kommunikation konnte ich die geistliche Kraft spüren, die hinter seinen Worten stand. Er fügte seiner E-mail ein Papier bei, das die langfristige Strategie hinter der Konferenz beschrieb, und ich muss sagen, dass ich selten ein derartig **gut durchdachtes** Konzept gelesen habe. Alles sah derartig verheißungsvoll aus, dass ich richtig traurig war, seine Einladung nicht annehmen zu können. Später jedoch erfuhr ich, dass die Konferenz niemals stattfand – wie so vieles, was Ndoze anpackt. Natürlich hat er immer gute Begründungen parat, wenn so etwas geschieht; aber es ist doch auffällig, wie häufig diese Dinge in seinem Dienst passieren.

In seiner eigenen Umgebung begegnet man Ndoze denn auch eher mit Skepsis. Ja, seine Mitchristen können erkennen, dass er ein **visionärer Mann Gottes** ist und dass er viele **wertvolle Einsichten** hat; aber sie halten ihn einfach für zu unzuverlässig, um mit ihm zusammenzuarbeiten. Wenn es Ndoze gelänge, an seiner Selbstdisziplin (rotes Segment) zu arbeiten, könnten seine Vollmacht und Weisheit noch viel stärker dem Leib Christi zugute kommen.

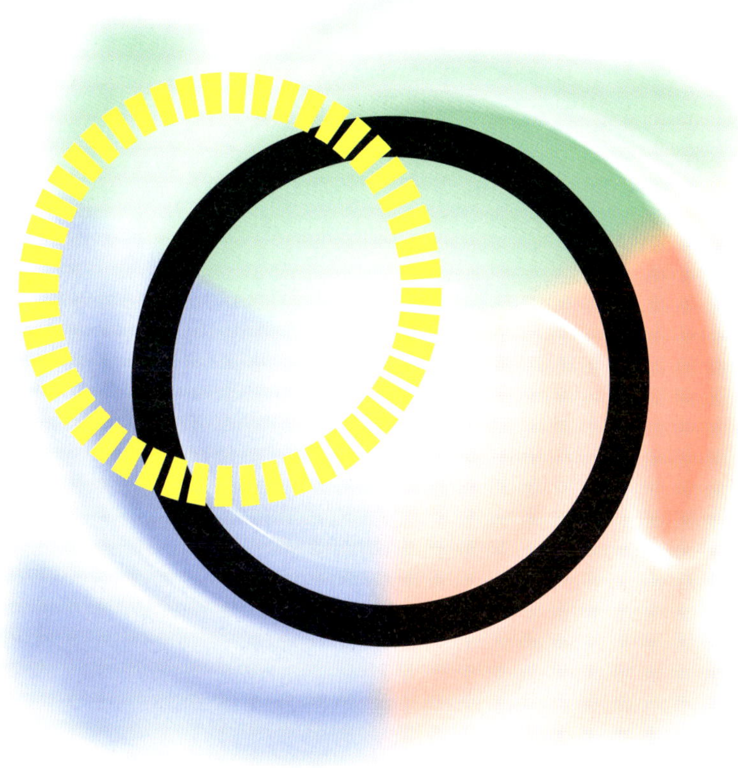

Der Ausgangspunkt eines „Distanzierten" wie zum Beispiel Jona. Seine Stärken liegen sowohl im blauen (Vollmacht) als auch im grünen Bereich (Weisheit), seine Schwäche im roten Bereich (Engagement).

Wie Gott mit Jona umging

Wer lernen möchte, wie Gott mit ungehorsamen Menschen umgeht, sollte sorgfältig das Buch Jona studieren. Gott handelte sowohl liebevoll als auch drastisch. Er ließ es zu, dass Jona in das Meer geworfen wurde – und ließ gleichzeitig einen großen Fisch kommen, der ihn verschlang. Er ließ Jona drei Tage und drei Nächte im Leib des Fisches – und befahl dem Fisch, dass er ihn ausspeien sollte ans Land. Als später die Sonne auf Jonas Kopf schien, ließ Gott eine Staude wachsen, die ihm Schatten spendete – und dann ließ er die Staude wieder verdorren. Alles das klingt fast schon brutal. Warum nur behandelte Gott Jona auf diese Weise? Wegen Jonas Ausgangspunkt! Er war ein Mann von außerordentlicher Vollmacht und Weisheit. Wie bringt man einem Menschen Gehorsam bei, der den Willen Gottes kennt und so viel Erfolg in seinem Dienst hat? Wahrscheinlich hätte Gott Menschen mit einem anderen Ausgangspunkt nicht so behandelt, aber für einen Mann wie Jona war diese Behandlung liebevoll.

Wenn Sie diesen Ausgangspunkt teilen, sollten Sie gut aufpassen! Es mag sein, dass sich Gott für Sie einige ziemlich drastische Maßnahmen ausgedacht hat. Wollen Sie sich näher zum Zentrum bewegen? *Ihr* Weg zu diesem Ziel heißt Gehorsam.

Kapitel 1: Grundlagen

Ihr persönlicher Farb-Kompass

Nachdem Sie sich mit den sechs Ausgangspunkten beschäftigt haben, vermuten Sie sicherlich bereits, welches der angegebenen Beispiele am meisten Ihrer Situation entspricht. Die folgenden vier Seiten werden Ihnen helfen, weitere Informationen zu sammeln, wo Ihr persönlicher Ausgangspunkt ist. Haben Sie erst einmal Ihren Ausgangspunkt festgestellt, sollten die nächsten Schritte, die Sie auf dem Weg des geistlichen Wachstums zu gehen haben, recht offensichtlich sein. Was auch immer Ihr Ausgangspunkt sein mag – das Ziel ist, dass Sie sich immer weiter auf das Zentrum zu bewegen, mit anderen Worten: näher zum dreieinigen Gott.

Kein Persönlichkeits-Test

Wenn Sie diese Übung machen, beachten Sie bitte, dass dies kein Persönlichkeits-Test ist. Der Farb-Kompass beschreibt nicht Ihren gottgegebenen Charakter oder Persönlichkeitstyp (der nur schwer zu ändern ist), sondern Ihren derzeitigen Ausgangspunkt (der sehr wohl zu ändern ist).

Was auch immer Ihr Ausgangspunkt sein mag – das Ziel ist, dass Sie sich immer weiter auf das Zentrum zu bewegen.

Es kann sein, dass Sie in unterschiedlichen Lebensbereichen auf unterschiedliche Verhaltensmuster stoßen. Wenn Sie zum Beispiel den Farb-Kompass auf Ihr Engagement in der Gemeinde beziehen, kann es sein, dass Sie zu anderen Ergebnissen kommen als im Blick auf Ihren Beruf. Es ist durchaus möglich, diesen „Test" auf unterschiedliche Bereiche zu beziehen. Wenn Sie den Fragebogen ausfüllen, ist es jedoch wichtig zu wissen, welchen Bereich sie „testen" wollen und sich während der gesamten Übung konsequent daran zu halten.

Fünf praktische Schritte

Folgen Sie den fünf Schritten, die Sie in den gelben Boxen unten auf den nächsten vier Seiten finden. Als Ergebnis werden Sie einen (möglicherweise auch zwei) der sechs Ausgangspunkte als Ihren eigenen ausfindig machen. Auf den Seiten 38-40 finden Sie Vorschläge, wie dieses Ergebnis Ihnen bei der weiteren Arbeit mit diesem Buch helfen kann. Viel Spaß!

Schritt 1:

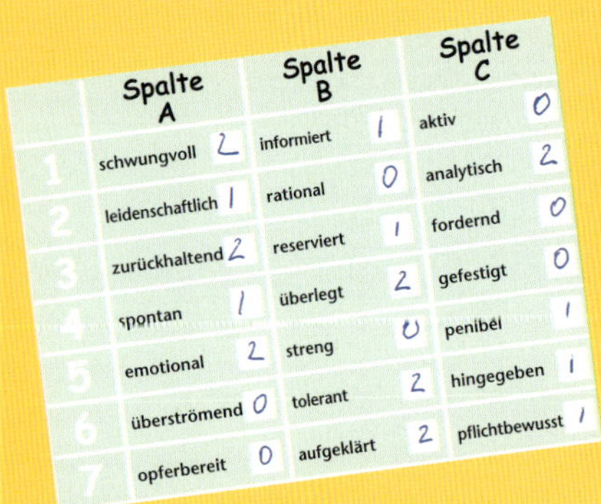

	Spalte A		Spalte B		Spalte C	
1	schwungvoll	2	informiert	1	aktiv	0
2	leidenschaftlich	1	rational	0	analytisch	2
3	zurückhaltend	2	reserviert	1	fordernd	0
4	spontan	1	überlegt	2	gefestigt	0
5	emotional	2	streng	0	penibel	1
6	überströmend	0	tolerant	2	hingegeben	1
7	opferbereit	0	aufgeklärt	2	pflichtbewusst	1

Schauen Sie sich die Tabelle auf Seite 35 an. Dort finden Sie zehn Zeilen, die jeweils drei Adjektive enthalten.

Geben Sie in jeder Zeile an, welches der drei Adjektive Sie am *besten* (**2**), *zweitbesten* (**1**) oder *schlechtesten* (**0**) beschreibt.

Denken Sie beim Ausfüllen primär an Ihre Erfahrungen in den letzten Monaten.

Spalte A		Spalte B		Spalte C	
schwungvoll		informiert		aktiv	
leidenschaftlich		rational		analytisch	
zurückhaltend		reserviert		fordernd	
spontan		überlegt		gefestigt	
emotional		streng		penibel	
überströmend		tolerant		hingegeben	
opferbereit		aufgeklärt		pflichtbewusst	
geistgeleitet		objektiv		verlässlich	
impulsiv		anspruchsvoll		labil	
begeistert		erregt		diszipliniert	
Gesamt A		**Gesamt B**		**Gesamt C**	

Bitte tragen Sie in jeder der zehn Zeilen ein:

2

= Adjektiv, das mich am besten beschreibt

1

= Adjektiv, das mich am zweitbesten beschreibt

0

= Adjektiv, das mich am schlechtesten beschreibt

Schritt 2:

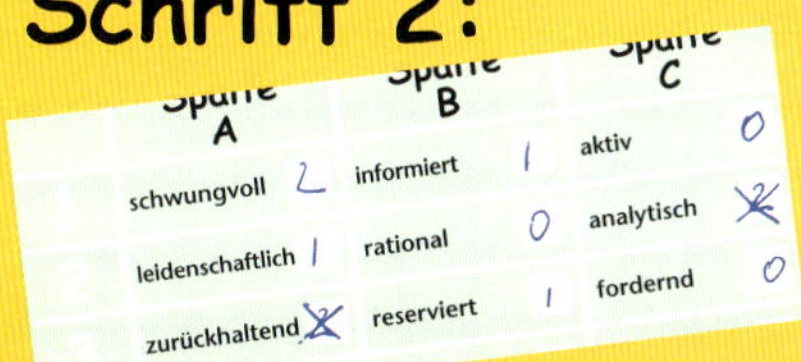

Streichen Sie die Werte der folgenden Boxen durch:
A 3, A 7, B 5, B 10, C 2 und **C 9**.

Schritt 3:

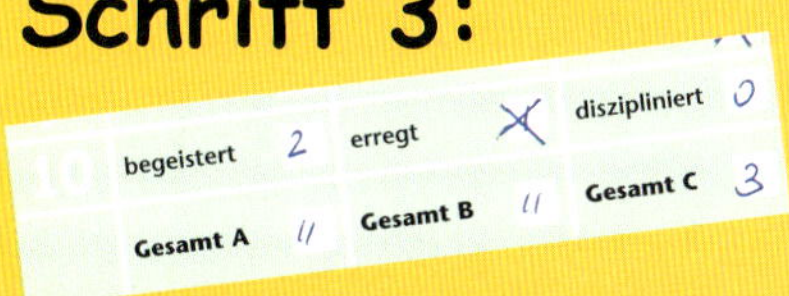

Nun zählen Sie die Werte in jeder der drei Spalten zusammen und tragen die Ergebnisse hinter *Gesamt A, Gesamt B* und *Gesamt C ein.* Dann blättern Sie um.

Wo stehen Sie zur Zeit?

Kreuzen Sie auf jeder der drei gepunkteten Linien denjenigen Punkt an, der dem Wert entspricht, den Sie für **Gesamt A**, **Gesamt B** und **Gesamt C** errechnet haben.

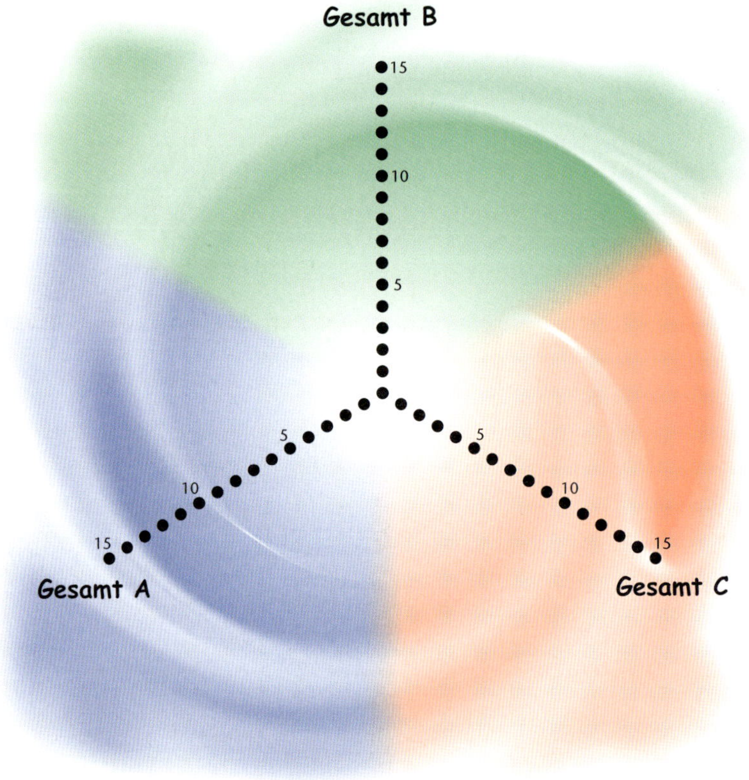

Schritt 4:

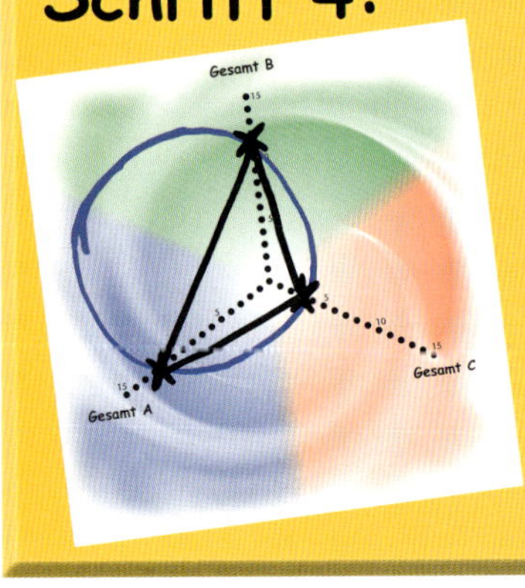

Kreuzen Sie im oben stehenden Diagramm („Wo stehen Sie zur Zeit?") auf jeder der drei gepunkteten Linie denjenigen Punkt an, der dem Wert entspricht, den Sie für *Gesamt A, Gesamt B* und *Gesamt C* errechnet haben. Verbinden Sie die drei Punkte, so dass ein Dreieck entsteht.

Dann zeichnen Sie einen Kreis um das Dreieck herum (der die drei Punkte miteinander verbindet), so dass Ihr eigenes Diagramm ähnlich aussieht wie einer der sechs Ausgangspunkte auf Seite 37.

Wie sieht Ihr eigener Farb-Kompass aus?

☐ Ausgangspunkt 1:
Thomas
(siehe Seiten 22-23)

☐ Ausgangspunkt 2:
Martha
(siehe Seiten 24-25)

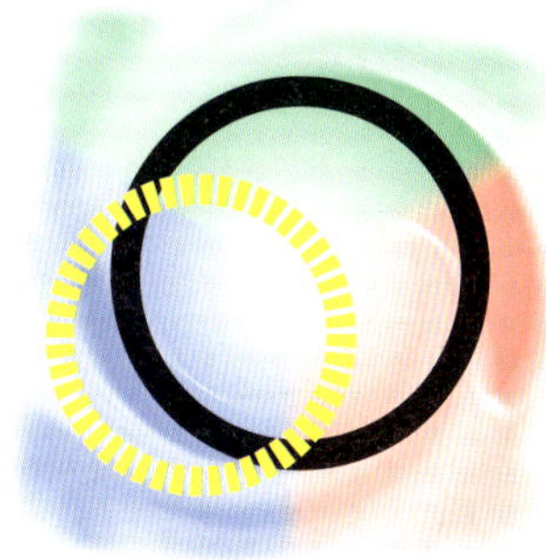

☐ Ausgangspunkt 3:
Maria
(siehe Seiten 26-27)

☐ Ausgangspunkt 4:
Mose
(siehe Seiten 28-29)

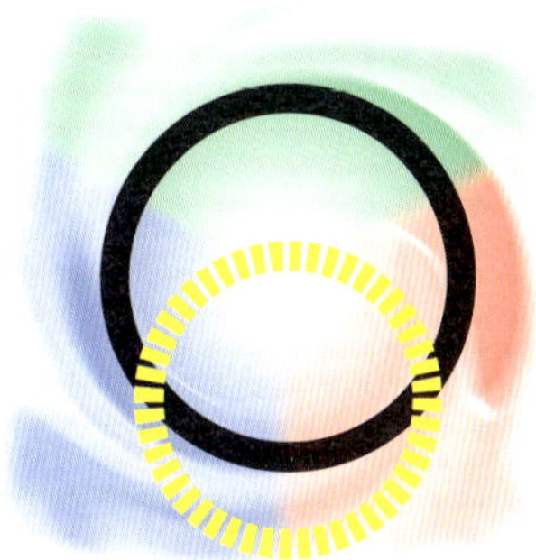

☐ Ausgangspunkt 5:
Petrus
(siehe Seiten 30-31)

☐ Ausgangspunkt 6:
Jona
(siehe Seiten 32-33)

Schritt 5:

Vergleichen Sie Ihren eigenen Farb-Kompass mit der oben stehenden Darstellung der sechs Ausgangspunkte. Welchem ähnelt er am meisten?

Kreuzen Sie dieses Diagramm an. Wenn Ihr eigenes Diagramm eher eine Mischung aus zwei Ausgangspunkten ist, kreuzen Sie beide Möglichkeiten an.

Lesen Sie noch einmal die Beschreibung „Ihres" Ausgangspunktes auf den angegebenen Seiten. Dann lesen Sie weiter auf Seite 38.

Kapitel 1: Grundlagen

Die nächsten Schritte

Hat Sie das Ergebnis überrascht? Oder hat es lediglich bestätigt, was Sie auch vorher schon vermuteten? Wenn Sie Ihren persönlichen Farb-Kompass auswerten, sollten Sie folgende Punkte beachten:

• Das Diagramm gibt lediglich Ihre *Tendenzen* an. Es kann Ihnen keine Antwort geben, wie stark oder schwach diese Tendenzen ausgeprägt sind.

• Es könnte sein, dass Sie zu den 4,6 Prozent aller Christen gehören, die ein relativ *ausgewogenes* Diagramm mit fast den gleichen Zahlenwerten in allen drei Bereichen haben. In diesem Fall sollten Sie nicht glauben, Sie hätten Ihr Ziel bereits erreicht. Das Ergebnis zeigt lediglich, dass es derzeit keinen dominanten Problembereich zu geben scheint. Anders ausgedrückt: Wachstum in jeder der drei Dimensionen würde Ihnen gut tun.

Der Farb-Kompass zeigt Ihnen die Richtung, in die Sie sich bewegen sollten, um Gott besser dienen zu können.

• Das Diagramm stellt Ihre *momentanen* Tendenzen dar. Wenn Sie den Test nach einigen Monaten oder Jahren wiederholen, kann es sein, dass Sie andere Ergebnisse erhalten. Wenn sich Ihre Situation geändert hat oder Sie geistlich gewachsen sind, werden Sie diese Entwicklungen sehen können.

• Wenn Sie mit den anderen Büchern dieser Serie arbeiten, kann es sein, dass Sie in *unterschiedlichen Bereichen* unterschiedliche „Farben" identifizieren. Im Buch „Die 3 Farben der Liebe" mögen Sie zum Beispiel vor allem „grüne" Tendenzen ausfindig machen, während im Buch „Die 3 Farben der Evangelisation" vor allem „rote" Tendenzen überwiegen. Derartige Ergebnisse sind normal. Das Leben ist zu komplex, um es in ein einheitliches Schema pressen zu können.

• Das Gleiche gilt im Blick auf Ihre *geistlichen Gaben.* Wenn Sie sich später dem *3-Farben-Gabentest* zuwenden, könnte es sein, dass Ihre Gaben primär im „roten" Bereich liegen, während Sie im *Farb-Kompass* „Engagement" als Ihren Problembereich identifiziert haben. Erwarten Sie nicht, dass sich in jedem Lebensbereich nur eine einzige Farbe widerpiegelt.

Drei Schlüsselfragen

Auf den folgenden beiden Seiten mache ich einige praktische Vorschläge, wie die restlichen Seiten dieses Buches Vertretern der sechs Ausgangspunkte – auf jeweils unterschiedliche Weise – zugute kommen können. Bevor Sie sich jedoch diesen Vorschlägen zuwenden, sollten Sie sich Zeit nehmen, die folgenden Fragen zu beantworten:

1. Wo stehe ich im Moment? Welchem der angegebenen biblischen oder zeitgenössischen Beispiele ähnelt mein Farb-Kompass am meisten? (Dies wird zugleich die Frage beantworten, in welchem Farbbereich bei Ihnen das größte Defizit herrscht.)
2. Was könnte ich tun, um im Bereich meines Farb-Defizits Wachstum zu erleben?
3. Wie könnte ich besser als bisher meine Stärken für die Gemeindeentwicklung einsetzen? (Sie sollten beachten, dass Sie nicht nur „Farb-Defizite" identifiziert haben, sondern auch bemerkenswerte Stärken!)

Die nächsten Schritte für „Thomas"

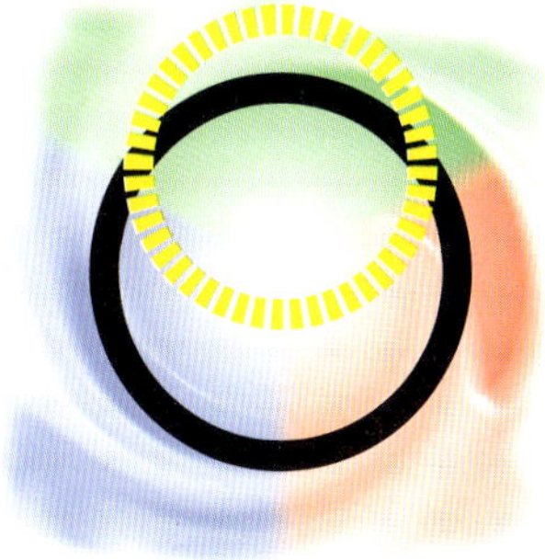

Wenn Sie zu dieser Gruppe gehören, wird Ihnen der Prozess, Ihre ausfindig gemachten Gaben (blaues Segment) auf konkrete Aufgaben (rotes Segment) zu *beziehen,* wahrscheinlich nicht sonderlich schwer fallen (für Vertreter der anderen Ausgangspunkte ist dies bisweilen enorm schwierig und Sie könnten ihnen dabei behilflich sein). Für Sie ist es aber besonders wichtig, dass Sie auch *tatsächlich* Ihre Gaben auf konkrete Dienste beziehen und nicht nur die „richtigen" Theorien dazu vertreten. In Ihnen schlummert noch weitaus mehr geistliches Potenzial, als Sie derzeit nutzen. Ihre Gemeinde könnte von Ihrer Weisheit enorm profitieren.

Die nächsten Schritte für „Martha"

Sie sind bereits in Ihrem Dienst recht engagiert, aber oft fehlt es Ihnen an geistlicher Kraft. Das Entdecken Ihrer geistlichen Gaben (blaues Segment) und eine Überprüfung Ihres gemeindlichen Engagements im Lichte Ihrer neuen Entdeckungen (grünes Segment) könnte für Sie einen geistlichen Durchbruch bedeuten. Es könnte sein, dass Sie aus einigen Diensten aussteigen bzw. sie durch andere ersetzen sollten. Ihr Grad an Hingabe und Engagement wird Ihnen in diesem Prozess zugute kommen. Es ist wahrscheinlich, dass Sie als Ergebnis dieser Veränderungen Ihre Aufgaben mit neuer Begeisterung tun werden.

Die nächsten Schritte für „Maria"

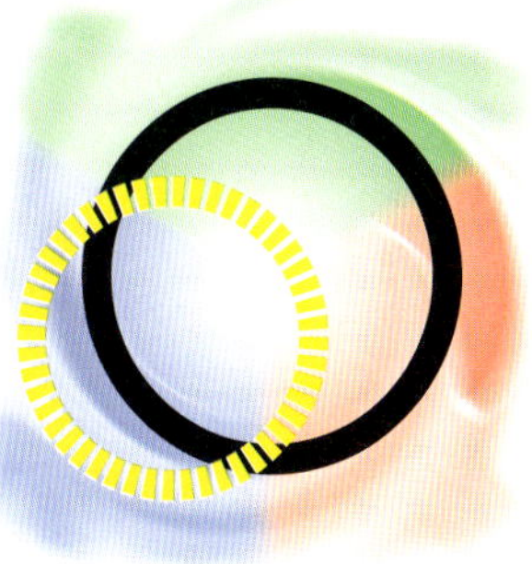

In Ihnen steckt sehr mehr geistliche Kraft als das, was schon bisher zum Nutzen anderer freigesetzt worden ist. Wenn Sie sich auf den Gabenentdeckungs-Prozess einlassen, werden Sie wahrscheinlich etliche Gaben finden, die Ihnen schon vorher bewusst waren. Ihr Problem ist vielleicht gar nicht einmal, dass Sie sie nicht praktizieren, sondern dass Sie zu zurückhaltend sind, Ihre wunderbaren Gaben in einer strategischen Weise (grünes Segment) auf konkrete Aufgaben (rotes Segment) zu beziehen. Dieser Prozess würde Sie noch vollmächtiger machen. Probieren Sie es aus!

Die nächsten Schritte für „Mose"

Für Sie ist christliches Engagement ein hoher Wert und Sie haben ein ausgeprägtes Pflichtbewusstsein. Sie sind darüber hinaus in der Lage, über Ihr eigenes Engagement – und das anderer Leute – mit einiger Distanz zu reflektieren. Ihr Ausgangspunkt ist besonders häufig unter Christen in Leitungsverantwortung zu finden. Was Sie möglicherweise vernachlässigen, sind Ihre Gefühle. Eine bewusste Konzentration auf diesen Bereich könnte Sie noch stärker machen. Es ist wahrscheinlich, dass das bloße Entdecken geistlicher Gaben in Ihrem Leben nachhaltigere Konsequenzen hat als bei Vertretern der anderen Ausgangspunkte.

Die nächsten Schritte für „Petrus"

Sie sind ein aktiver Mensch, aber nicht alles, was Sie anpacken, ist gut durchdacht. Es ist nicht unwahrscheinlich, dass der Ansatz dieses Buches Ihnen zu theoretisch erscheint. Die „Theorie" dieses Buches könnte jedoch gerade für Sie Gewinn bringend sein. Wenn Sie sich mit den folgenden Seiten beschäftigen, dann achten Sie besonders auf diejenigen Bereiche, die Ihnen auf den ersten Blick nicht so sympathisch erscheinen. Sehr wahrscheinlich werden Sie den Schlüssel zu geistlichem Wachstum genau dort finden! Machen Sie nicht den Fehler, bestimmte Aussagen als „ungeistlich" zu betrachten, nur weil sie Ihnen ungewohnt sind.

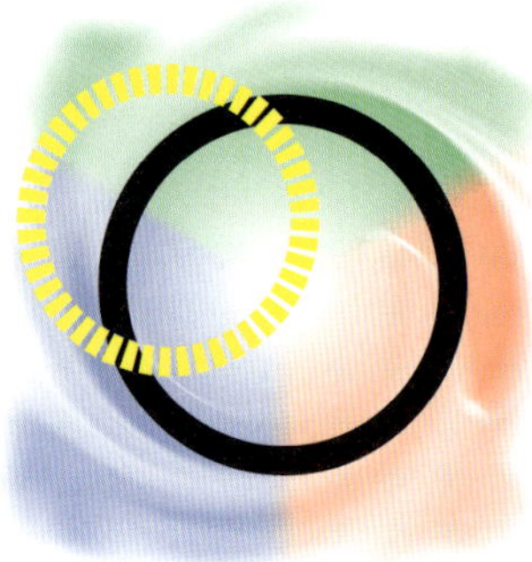

Die nächsten Schritte für „Jona"

Für Sie ist es nichts völlig Ungewöhnliches, Ihre geistlichen Gaben (blaues Segment) mit Hilfe eines wissenschaftlichen Fragebogens (grünes Segment) ausfindig zu machen. Wahrscheinlich haben Sie sogar Spaß an dieser Übung. Sie sollten Ihre Aufmerksamkeit auf Ihr Engagement lenken. Das bedeutet nicht notwendigerweise, dass Sie nicht engagiert sind; möglicherweise sind Sie es. Wenn das der Fall sein sollte, dann werden Ihre Aktivitäten aber ziemlich sicher von Ihnen selbst bestimmt, nicht so sehr von den Erwartungen anderer Menschen. Hingabe an andere Menschen – das ist der Schlüssel zu *Ihrem* Erfolg.

Gottes Plan ist es, unvollkommene Menschen zu gebrauchen

In diesem Kapitel ging es vor allem um „Farb-Defizite" – mit anderen Worten: um Schwächen. Ich bin überzeugt, dass diese Perspektive notwendig ist, um unseren jeweiligen Ausgangspunkt herauszufinden. Auf der anderen Seite hat diese Vorgehensweise auch Gefahren. Es kann einfach zu frustrierend sein, ausschließlich auf die eigenen Schwächen zu schauen.

Sie sollten niemals vergessen, dass Gott stets Menschen mit klar erkennbaren „Farb-Defiziten" gebraucht hat, um seine Ziele zu erreichen. Er gebrauchte einen Petrus, dem es an Weisheit mangelte, um seiner Gemeinde Leitung zu geben. Er gebrauchte einen Mose, dem es an Vollmacht mangelte, um sein Volk in die Freiheit zu führen. Er gebrauchte einen Jona, dem es am Engagement mangelte, um die Menschen von Ninive zu retten.

Nach meiner Überzeugung ist das die eigentliche Lektion, die wir aus der Beschäftigung mit den sechs biblischen Ausgangspunkten lernen können: Gott gebraucht unvollkommene Menschen, um seine vollkommenen Ziele zu erreichen. Er möchte, dass jeder von uns im Glauben wächst, gar keine Frage. Aber er wartet nicht, bis wir vollkommen sind, bevor er uns gebrauchen kann.

Wenn Sie diese Botschaft stets im Hinterkopf behalten, dann kann die Arbeit an Ihrem persönlichen „Farb-Defizit" zu einer freudigen und erfüllenden Angelegenheit werden.

Was Sie über geistliche Gaben wissen sollten

Seit einiger Zeit ist in vielen Gemeinden rund um den Globus eine große Offenheit zu spüren, den eigenen Gaben auf die Spur zu kommen. Was ist der Grund dafür? Die beste Erklärung erscheint mir, dass dies Gottes Plan für unsere Generation ist. Gott hat das Thema „Geistesgaben" offensichtlich auf die Tagesordnung der Gemeinde Jesu Christi gesetzt. Er möchte, dass wir die Gaben kennen lernen, die er uns längst gegeben hat.

Kapitel 2: Gaben verstehen

Jeder ist begabt

Eine Umfrage, die unser Institut vor einigen Jahren unter 1.200 engagierten Christinnen und Christen durchführten, brachte ein erschreckendes Ergebnis zutage: 80 Prozent aller Befragten wissen nicht, was ihre geistlichen Gaben sind. Nur 20 Prozent gaben an, dass sie ihre Gaben kennen und gebrauchen.

Wenn Sie Ihre Gaben nicht kennen, dann liegt das lediglich daran, dass Sie sie noch nicht entdeckt haben.

Wie ist das zu erklären? Das Neue Testament lehrt uns, dass jedes Glied am Leib Christi – zumindest – eine geistliche Gabe empfangen hat. Nun muss man sicherlich davon ausgehen, dass einige Christen zwar ihre Gaben einsetzen, aber Schwierigkeiten haben, dies auch in „dogmatisch korrekten" Worten zu formulieren. Mir sind in den letzten Jahren viele Menschen begegnet, die die Frage, ob sie ihre geistlichen Gaben kennen, verneinen – die aber gleichwohl ihre Gaben zum Aufbau der Gemeinde einsetzen. Dennoch: Wenn sich 80 Prozent aller Mitarbeiterinnen und Mitarbeiter im Blick auf ihre geistlichen Gaben unsicher sind, so deutet das auf einen Notstand im geistlichen Leben hin. Offensichtlich ist diesem Thema in der Vergangenheit nicht genügend Beachtung geschenkt worden.

Eine Arbeitsdefinition

Was meine ich, wenn ich von „geistlichen Gaben", „Geistesgaben" oder „Charismen" spreche? In den letzten Jahren habe ich die Erfahrung gemacht, dass die folgende Definition in den verschiedensten christlichen Kreisen auf allgemeine Zustimmung stößt:

Eine geistliche Gabe ist eine besondere Fähigkeit, die Gott – nach seiner Gnade – jedem Glied am Leib Christi gibt und die zum Aufbau der Gemeinde eingesetzt werden muss.

In dieser Definition ist jedes Element wichtig:

- *eine besondere Fähigkeit:* Jeder Christ hat eine andere Gaben-Kombination. Wenn Sie bei sich eine bestimmte Gabe entdecken, können Sie sicher sein, dass Sie damit in der Minderheit sind. Von keiner Gabe kann erwartet werden, dass die Mehrzahl der Christen sie hat. So wie ein menschlicher Körper viele Glieder und Organe hat, so setzt sich auch der Leib Christi – die Gemeinde – aus vielen Christinnen und Christen zusammen, die jeweils unterschiedliche Funktionen haben (vgl. Röm. 12,4-8; 1. Kor. 12,17-20). Welche Funktionen das sind, wird im Wesentlichen durch ihre geistlichen Gaben bestimmt.
- *Gott:* In der Christenheit gibt es unterschiedliche Auffassungen von geistlichen Gaben. Wie wir im ersten Kapitel gesehen haben, hat dies zum größten Teil mit unterschiedlichen Gottesbildern zu tun. Manche Gruppen verstehen nur solche Gaben, die jenseits des „geschöpflichen Bereichs" anzutreffen sind, als „geistlich". Für andere sind ausschließlich die geschöpflichen Gaben gültig, während der Bereich des Übernatürlichen eher skeptisch gesehen wird. Wieder andere konzentrieren sich primär, wenn nicht gar ausschließlich, auf die Frage, was bestimmte Gaben zur Erfüllung des Missionsauftrags beitragen. Und alle diese Gruppen können gute Argumente für ihre jeweilige Position anführen. Dieses Buch basiert auf einem trinitarischen Ansatz. Ob wir

dem Schöpfer, Jesus oder dem Heiligen Geist begegnen, wir haben es immer mit dem gleichen Gott zu tun. Dieser Ansatz hat praktische Auswirkungen auf unser Verständnis von geistlichen Gaben. Ganz gleich, ob wir davon ausgehen mögen, dass Gaben vom Schöpfer, von Jesus oder vom Heiligen Geist gegeben werden, letztlich ist es immer Gott, der sie uns schenkt. Und wir können sicher sein, sie nach Gottes Willen zu gebrauchen, wenn wir sie zu seiner Ehre und zum Nutzen Anderer gebrauchen. Deshalb zeigt dieses Buch, wie Gaben in allen drei Bereichen entdeckt und eingesetzt werden können.

- *nach seiner Gnade:* Gott gibt Ihnen geistliche Gaben nicht als Belohnung für Ihre Charakterfestigkeit oder geistliche Reife. Er gibt sie Ihnen allein nach seiner Gnade (vgl. Röm. 12,6). Geistliche Gaben sollten nicht mit der „Frucht des Geistes" verwechselt werden (vgl. Gal. 5,22). Ich habe Menschen erlebt, die Gott gleich nach ihrer Bekehrung überreichlich mit geistlichen Gaben ausgestattet hat, mit denen sie – wer wollte es ihnen verdenken? – anfangs noch recht unreif umgingen. Geistliche Gaben sind keine Belohnung für besondere Treue im Glauben. Sie werden von Gott so verteilt, wie er es für richtig hält.
- *jedem Glied am Leib Christi:* Jeder Christ hat zumindest eine geistliche Gabe (vgl. 1. Kor. 12,7-11; 1. Petr. 4,10). Wenn Sie Christ sind und Ihre eigenen Gaben nicht kennen, dann liegt das nicht daran, dass Gott Ihnen keine gegeben hat. Es liegt einzig und allein daran, dass Sie sie noch nicht entdeckt haben!
- *zum Aufbau der Gemeinde:* Alle wichtigen Aussagen, die das Neue Testament zu geistlichen Gaben macht (Röm. 12; 1. Kor. 12; Eph. 4), stehen im Zusammenhang mit dem „Leib Christi" und seinem „Aufbau". Geistliche Gaben sind nicht nur für die Auferbauung des Einzelnen gegeben, sondern sollen Anderen zugute kommen (vgl. 1. Kor. 14,2-5.26; Eph. 4,12). Wer sich der christlichen Gemeinschaft entzieht, kann seine Gaben nicht so einsetzen, wie Gott es vorgesehen hat. Jedes Nachdenken über geistliche Gaben muss daher mit einem Nachdenken über den Gemeindeaufbau einhergehen. Sobald wir diese beiden Themen voneinander trennen, gibt es Probleme.

Geistliche Gaben sind keine Belohnung für besondere Treue im Glauben. Sie werden von Gott so verteilt, wie er es für richtig hält.

Ihre Gedanken:

• Gibt es Menschen, die Sie für den Einsatz von geistlichen Gaben zum Nutzen Anderer bewundern? Wenn Ihnen einige Namen einfallen, dann schreiben Sie sie auf.

• Vielleicht haben Sie einige Fragen im Blick auf geistliche Gaben, die Sie während des Durcharbeitens dieses Buches gerne beantwortet hätten. Es ist sinnvoll, solche Fragen zu Beginn des Prozesses aufzuschreiben.

Kapitel 2: Gaben verstehen

Gaben und Berufung

Viele Christen sind von der Frage hin- und hergerissen, wozu sie Gott wohl berufen haben mag. Dabei wird oftmals so getan, als habe Gott besondere Freude daran, uns zu Aufgaben zu berufen, die überhaupt nicht unseren Gaben entsprechen.

Ich erinnere mich noch gut an einen jungen Mann, der von der Frage bewegt war, ob ihn Gott womöglich in ein afrikanisches Land berufen wolle, um dort als Evangelist tätig zu sein. Ich fragte ihn, ob er die Gaben des Missionars und der Evangelisation habe, auf die er zweifelsohne angewiesen wäre, um diesen herausfordernden Dienst erfolgreich auszuüben. Er sagte, dass er darüber noch nie nachgedacht habe, denn: „Wenn Gott mich wirklich zu einer Aufgabe beruft, dann fragt er nicht nach meinen Gaben!"

Manche meinen, Gott habe besondere Freude, uns zu Aufgaben zu berufen, die nicht zu unseren Gaben passen.

Ich weiß zwar nicht, wer ihm diesen Lehrsatz beigebracht hatte, aber als ich ihm sagte, dass ich eine solche Auffassung für völlig unsinnig halte, wurde er richtig ärgerlich. Offensichtlich hatte ihn seine christliche Erziehung so sehr darauf fixiert, dass „Berufung" und „Begabung" nichts miteinander zu tun haben, dass ihm eine andere Auffassung nur als Bedrohung erscheinen konnte.

Begabung als Hinweis auf göttliche Berufung

Gott beruft Sie nicht zu einer Aufgabe, für die er Sie nicht begabt hat. Umgekehrt: Wenn Sie Ihre geistlichen Gaben herausfinden, wissen Sie auch, in welchem Bereich Gott Sie berufen hat. Wenn Sie entdecken, dass sie eine bestimmte Gabe haben, diese aber nicht einsetzen, können Sie ziemlich sicher sein, dass Sie nicht Ihrer Berufung gemäß leben. Wollen Sie herausfinden, ob Gott Sie zu einer leitenden Aufgabe berufen hat? Dann testen Sie, ob Sie die Gabe der Leitung haben. Natürlich gibt es noch weitere Kriterien für Leiter, aber ohne eine Leitungsgabe werden Sie in jeder Leitungsverantwortung Schwierigkeiten bekommen. Wollen Sie wissen, ob Gott Sie zur Seelsorge berufen hat? Dann prüfen Sie, ob er Ihnen die entsprechende Gabe gegeben hat. Das Herausfinden unserer geistlichen Gaben ist ein hilfreicher Ansatz, unserer Berufung auf die Spur zu kommen.

Ihre Gedanken:

- *Gibt es irgendwelche Aufgaben, von denen Sie überzeugt sind, dass Gott Sie dazu berufen hat?*

- *Inwieweit entsprechen diese Aufgaben Ihrer Meinung nach Ihren geistlichen Gaben?*

Welche Gaben-Kombination haben Sie?

Ich kenne eine Christin, die die Gaben der Evangelisation, der Prophetie und der Barmherzigkeit hat. Eine andere hat die Gaben des Dienens und der Gastfreundschaft. Jemand anderes hat die Gaben der Krankenheilung, des Lehrens, des Dienens und der Barmherzigkeit. Ein vierter hat die Gabe der Seelsorge. Es ist wunderbar, dass Gott verschiedene Christen so unterschiedlich begabt hat. Niemand hat Grund, stolz auf seine spezielle Gabenkombination zu sein, denn jeder ist dringend auf die Gaben der Anderen angewiesen, die seine eigenen ergänzen (vgl. Röm. 12,3; 1. Kor. 12,21-23). Es hat aber auch niemand Grund, neidisch auf die Gaben der Anderen zu sein, denn Gott wird uns nur für die Gaben verantwortlich machen, die er uns auch gegeben hat (vgl. 1. Petr. 4,10; Mt. 25,14-30).

Wichtige Frage: Welche Gaben habe ich *nicht*?

Jeder Christ hat eine andere Gabenkombination. Als ich damit begann, meine eigenen geistlichen Gaben ausfindig zu machen, entdeckte ich zunächst, welche Gaben mir Gott *nicht* gegeben hatte – und diese Liste war ziemlich lang. Darunter befanden sich Gaben wie Befreiung, Barmherzigkeit, Auslegung des Zungenredens, Evangelisation, Gastfreundschaft und viele andere.

Zunächst war ich gar nicht glücklich darüber, dass ich so viele Gaben nicht habe. Je mehr ich aber über die Frage nachdachte, desto stärker wurde mir klar: Jede Gabe, von der ich weiß, dass ich sie *nicht* habe, ist ein Grund zum Feiern! Damit zeigt mir Gott, dass ich diese Bereiche nicht zum Schwerpunkt meines Dienstes machen soll, wenn ich nicht als völlig frustrierter Mensch enden will.

Jede Gabe, von der ich weiß, dass ich sie *nicht* habe, ist ein Grund zum Feiern!

Wie Christen einander ergänzen

In diesem Prozess entdeckte ich, dass Gott mir vor allem zwei Gaben gegeben hat: die Gabe des Lehrens und die Gabe des Glaubens. Mir ist dabei bewusst, wie sehr ich von anderen Christen abhängig bin, die andere Gaben praktizieren – und wie sehr sie auf mich angewiesen sind.

Eine unserer früheren Mitarbeiterinnen nahm zum Beispiel über Monate hinweg ehrenamtlich verschiedene Aufgaben wahr – darunter auch solche, die kaum ein Mensch gern macht. Anfangs hatte ich fast ein schlechtes Gewissen, ihre Dienste in Anspruch zu nehmen. Dann aber haben wir herausgefunden, dass sie die Gabe des Dienens hat. Indem sie sich bei uns engagierte, lebte sie ihrer Berufung gemäß. Umgekehrt: Indem wir sie bei uns einsetzten, gaben wir ihr die Möglichkeit, an Projekten mitzuarbeiten, die sie allein nie durchführen konnte. Und das war das Beste, was ihr und uns passieren konnte.

Ihre Gedanken:

- *Wenn Sie die Gabenliste auf Seite 99 durchgehen: Gibt es irgendwelche Gaben, von denen Sie schon jetzt mit einiger Sicherheit sagen können, dass Sie sie nicht haben?*

Kapitel 2: Gaben verstehen

Sie dürfen Fehler machen

Wenn ich eingeladen werde ein Seminar durchzuführen, kann ich den Teilnehmern mit gutem Gewissen sagen, dass mir Gott die Gabe des Lehrens gegeben hat, und dass sie in den nächsten Stunden erleben werden, wie Gott diese Gabe in meinem Leben gebraucht.

Das bedeutet keineswegs, dass ich mich auf diesem Gebiet für hyperbegabt hielte. Bisweilen bin ich falsch vorbereitet, unausgeschlafen, ungeduldig oder zerstreut. Und ich kenne einige Christen, denen Gott die Gabe des Lehrens in einem weitaus höheren Grad geschenkt hat als mir. Das alles ändert aber nichts an der Tatsache, dass Gott mir auf diesem Gebiet eine geistliche Gabe anvertraut hat, von der er erwartet, dass ich sie einsetze.

Für jeden Christen ist es wichtig zu verstehen, dass es unterschiedliche Gaben-Variationen und verschiedene Grade an Begabung gibt:

Seine geistlichen Gaben zu praktizieren bedeutet nicht, dass alles perfekt gelingt.

Unterschiedliche Gaben-Variationen

Zum Beispiel kann ein Mensch besonders begabt sein, die Gabe der Evangelisation in Predigten auszuüben. Ein anderer praktiziert die gleiche Gabe lieber in persönlichen Gesprächen. Ein dritter ist dann am effektivsten, wenn er christliche Traktate schreibt. Und ein vierter praktiziert die Gabe am besten in der Arbeit mit Kindern. Alles das sind unterschiedliche Variationen derselben Gabe. Wir sollten uns von der Vorstellung frei machen, dass es nur einen Weg gibt, eine bestimmte Gabe zu praktizieren. Nicht jeder, der die Gabe der Evangelisation hat, muss sie auf die gleiche Weise ausüben wie Billy Graham!

Unterschiedliche Grade an Begabung

Selbst wenn zwei Christen die gleiche Gaben-Variation haben, kann ihre Begabung unterschiedlich stark ausgeprägt sein. Ich habe in den letzten Jahren in meinen Seminaren buchstäblich Tausende Christinnen und Christen kennengelernt, denen Gott die Gabe der Evangelisation gegeben hat. Viele von ihnen waren aber so sehr auf das Modell „Billy Graham" fixiert, dass sie ihre eigene göttliche Berufung gar nicht wahrhaben wollten. Der Vergleich mit Menschen, die diese Gabe in einem weitaus stärkeren Grad hatten, war für sie eher frustrierend als inspirierend.

Ihre Gedanken:

- *Wählen Sie nun von der Gabenliste auf Seite 99 eine Gabe aus, von der Sie meinen, dass Sie sie haben. Wenn Sie sich an dieser Stelle noch unsicher sind, dann wählen Sie eine Gabe, die Sie gerne haben möchten. Anschließend schreiben Sie verschiedene Variationen dieser Gabe auf.*

Wie lange behält man eine Gabe?

Kapitel 2: Gaben verstehen

Wenn Sie einmal eine geistliche Gabe entdeckt haben, sollten Sie davon ausgehen, dass Sie sie lebenslang einsetzen können. Natürlich gibt es Ausnahmen zu dieser Regel, aber die sind nach meiner Erfahrung äußerst selten.

Manche Christen meinen, Gaben seien nur für den Augenblick gegeben und würden in dem Moment verschwinden, wo eine Aufgabe erfüllt worden ist. Zwar glaube ich, dass es dieses Phänomen gibt: Gott beauftragt in einem besonderen Augenblick einen Menschen, eine bestimmte Aufgabe auszuführen und rüstet ihn dazu mit der erforderlichen Vollmacht aus. Das aber sollte nicht mit einer geistlichen Gabe verwechselt werden. Geistliche Gaben sind für den kontinuierlichen Gebrauch bestimmt.

Weil Gaben zum lebenslangen Gebrauch bestimmt sind, können wir unser Leben entsprechend planen.

Paulus und die Gabe des Missionars

Als Gott Paulus die Gabe des Missionars gab, da tat er das für die Dauer seines ganzen Lebens. Paulus konnte darauf bauen und dementsprechende Pläne machen. Er musste nicht damit rechnen, dass er zu Beginn seiner Reise nach Griechenland diese Gabe noch besaß, um nach seiner Ankunft erstaunt festzustellen, dass Gott sie ihm wieder genommen hatte.

Das Bild vom Leib

Wenn das Neue Testament immer wieder im Zusammenhang mit dem Leib Christi von geistlichen Gaben spricht, dann ergibt sich schon daraus, dass Gaben nicht völlig unvorhersehbar auftauchen und wieder verschwinden. Wie sollte so ein gesunder Körper funktionieren? In Gottes Schöpfung muss die Hand nicht befürchten, abends einzuschlafen und am nächsten Morgen als Ohr aufzuwachen!

Weil der Heilige Geist uns seine Gaben zum lebenslangen Gebrauch gegeben hat, können wir von unseren Gaben aus unser Leben planen und sie gezielt für den Aufbau von Gemeinde Jesu Christi einsetzen.

Ihre Gedanken:

- *Wie empfinden Sie den Gedanken, dass einmal entdeckte Gaben auch ein Leben lang eingesetzt werden sollten? Eher als belastend oder als befreiend? Warum?*

Kapitel 2: Gaben verstehen

Geistliche Gaben und christliche Universalrollen

Mit „christlichen Universalrollen" sind Aufgaben gemeint, die sich für alle Christen stellen – ganz gleich, ob sie auf diesem Gebiet eine geistliche Gabe haben oder nicht. Jeder geistlichen Gabe entspricht eine solche Universalrolle. Der Unterschied zwischen beiden: Die Ausübung einer bestimmten geistlichen Gabe kann nicht von jedem Christen erwartet werden, sondern nur von denen, die die entsprechende Gabe haben. Ganz anders verhält es sich mit christlichen Universalrollen: Jeder Christ hat sie auszuüben.

> Auch wer nicht die Gabe der Evangelisation hat, ist nicht aus der Verantwortung entlassen, seinen Glauben zu bezeugen.

Nicht jeder Christ hat die Gabe der Evangelisation, aber jeder hat die christliche Universalrolle, anderen Menschen gegenüber seinen Glauben zu bezeugen. Um anderen von Ihrem Glauben zu erzählen, brauchen Sie nicht das besondere Charisma der Evangelisation.

Oder: Nicht jeder Christ hat die Gabe des Gebens, aber jeder Christ hat die christliche Universalrolle, einen Teil seines Einkommens dem Herrn zur Verfügung zu stellen. Um zum Beispiel Ihren „Zehnten" zu geben, brauchen Sie nicht das spezielle Charisma des Gebens.

Oder: Nicht jeder Christ hat die Gabe des Glaubens, aber jeder hat die christliche Universalrolle, in allen Fragen Christus zu vertrauen. Um Ihr Leben Christus anzuvertrauen, brauchen Sie nicht das besondere Charisma des Glaubens.

Die Unterscheidung von geistlichen Gaben und christlichen Universalrollen ist alles andere als ein Spiel mit Worten und Begriffen. Sie kann uns in doppelter Hinsicht vor Irrwegen bewahren:

Die Gefahr der Gaben-Projektion

Einerseits verhindert sie, von jedem Christen zu erwarten, was nur von Menschen erwartet werden sollte, die eine besondere geistliche Gabe haben. Im vierten Kapitel dieses Buches wird noch von dieser Gefahr, für die der Gemeindewachstums-Professor C. Peter Wagner den Begriff „Gabenprojektion" geprägt hat, die Rede sein (siehe Seite 97).

Beispiel: Christen, die die Gabe der Evangelisation haben, neigen bisweilen dazu, ein evangelistisches Engagement, wie sie es selbst gewohnt sind, auch von jedem anderen Christen zu erwarten – sehr zum Schaden des Leibes Christi. Eine solche Erwartung würde gar nicht erst aufkommen, wenn wir zwischen geistlichen Gaben und christlichen Universalrollen unterschieden.

Die Gefahr der Unverbindlichkeit

Andererseits verhindert diese Unterscheidung, dass die Lehre von den geistlichen Gaben als Selbstrechtfertigung für Bequemlichkeit, Unverbindlichkeit oder Ungehorsam missbraucht wird.

Beispiel: Auch wenn Sie selber nicht die Gabe der Evangelisation haben, sind Sie damit nicht aus der Verantwortung entlassen, Ihren Glauben anderen Menschen gegenüber zu bezeugen. Dies gehört eben zur christlichen Universalrolle, die von jedem Christen ausgefüllt werden soll und kann.

Ihre Gedanken:

• *Was sind die christlichen Universalrollen, die zu den verschiedenen geistlichen Gaben gehören? Tragen Sie möglichst viele Beispiele aus der Gabenliste (Seite 99) in die linke Spalte ein und schreiben Sie in die rechte Spalte, wie die entsprechende christliche Universalrolle aussehen könnte.*

Geistliche Gabe	**Christliche Universalrolle**
Evangelisation	Zeugnis geben
Geben	„Zehnten" geben
____________________	____________________
____________________	____________________
____________________	____________________
____________________	____________________
____________________	____________________
____________________	____________________
____________________	____________________
____________________	____________________
____________________	____________________
____________________	____________________
____________________	____________________
____________________	____________________
____________________	____________________
____________________	____________________
____________________	____________________

Kapitel 2: Gaben verstehen

Wie viele Gaben gibt es überhaupt?

Wer sich die drei wichtigsten Gabenlisten des Neuen Testaments anschaut (Römer 12; 1. Korinther 12; Epheser 4), dem fällt auf: Jede Liste ist anders. Offensichtlich versteht sich keine dieser Listen als vollständige Aufzählung aller Gaben, die Gott für seine Gemeinde bereit hält. In Korinth gab es offenbar andere Gaben als in Rom – und dort wieder andere als in Ephesus.

Die im Neuen Testament genannten Gabenlisten veranschaulichen, wie Gott in bestimmten Situationen bestimmte Gemeinden mit den Gaben ausgestattet hat, auf die sie angewiesen waren, um ihren speziellen Auftrag zu erfüllen.

Kann Gott „neue Gaben" schenken?

Ich persönlich glaube, wir sollten für die Möglichkeit offen sein, dass Gott uns heute Gaben schenken kann, die die Bibel gar nicht als Geistesgaben erwähnt.

Offensichtlich versteht sich keine der neutestament-lichen Gabenlisten als vollständige Aufzählung aller Möglichkeiten..

Zum Beispiel spricht das Neue Testament an keiner Stelle von der geistlichen Gabe des Gebets. Aber ohne Zweifel gibt es Christen, denen Gott in diesem Bereich eine ganz besondere Vollmacht gegeben hat. Wenn jemand Tag für Tag zwei oder drei Stunden lang betet, Freude daran hat und in außergewöhnlicher Weise Gebetserhörungen erfährt, dann liegt die Vermutung nahe, dass Gott diesem Menschen auf diesem Gebiet eine besondere geistliche Gabe geschenkt hat.

Das wichtigste Kriterium

Jedoch muss ich sagen, dass ich an dieser Stelle nicht für meine Sicht der Dinge kämpfe. Denn ganz gleich, welchen Begriff wir auch wählen mögen, um unsere Ausrüstung zu einem geistlichen Dienst zu beschreiben – „natürliche Fähigkeit", „übernatürliche Salbung", „charismatisch" oder wie auch immer –, am Ende geht es doch immer darum, dass wir das, was wir von Gott empfangen haben, zu seiner Ehre und zum Aufbau seiner Gemeinde einsetzen. Gegenüber dieser Herausforderung werden Definitionsfragen zwar nicht völlig belanglos, aber doch zumindest zweitrangig.

Wenn wir uns diese Unterscheidungen näher anschauen, werden wir feststellen, dass sie bisweilen von dem Versuch bestimmt sind, *eine* spezifische Weise, Gott zu erleben, gegen andere Weisen auszuspielen.

Ihre Gedanken:

- *Die drei wichtigsten Gabenlisten des Neuen Testaments sind: Römer 12; 1. Korinther 12; Epheser 4. Tragen Sie hier ein, welche Gaben in welcher Liste erwähnt werden:*

Römer 12	**1. Korinther 12**	**Epheser 4**
____________	____________	____________
____________	____________	____________
____________	____________	____________
____________	____________	____________
____________	____________	____________
____________	____________	____________
____________	____________	____________
____________	____________	____________
____________	____________	____________
____________	____________	____________
____________	____________	____________
____________	____________	____________
____________	____________	____________

- *Welche zusätzlichen Gaben werden in der Gabenliste auf Seite 99 genannt?*

Kapitel 2: Gaben verstehen

Drei verschiedene Gaben-Kategorien

In den letzten Jahren habe ich gelernt, dass die meisten christlichen Gruppen ein bestimmtes System haben (ob bewusst reflektiert oder nicht), um geistliche Gaben in verschiedene Kategorien einzuteilen. Ich habe bislang acht solcher Systeme gesammelt, wobei das Spektrum reicht von der Unterscheidung zwischen Gaben, die mit dem Ende des apostolischen Zeitalters aufgehört haben, und Gaben, die auch heute noch existieren (also ein Zwei-Kategorien-System), über solche, die Unterscheidungen zwischen „Motivations-", „Inspirations-" und „Funktions-Gaben" machen (ein Drei-Kategorien-System), bis hin zu weitaus subtileren Unterscheidungen, die verschiedene Unter-Kategorien umfassen.

Ist die Verwendung von Gaben-Kategorien biblisch?

Es ist interessant zu sehen, dass die meisten Gruppen, die eines dieser Systeme lehren, davon überzeugt sind, dass die Bibel genau ihre Sicht unterstützt. Die Wahrheit ist jedoch, dass die Bibel selbst keine dieser Kategorisierungen lehrt. Sie sind (legitime) Hilfsmittel, um die Fülle der Aussagen, die das Neue Testament über geistliche Gaben macht, zu systematisieren. Jedes der Systeme, die mir bislang begegnet sind, hebt bestimmte Aspekte hervor und schließt andere aus – abhängig davon, welche dieser Aspekte in der jeweiligen Gruppe als wichtig erachtet werden. Wenn ich im Folgenden geistliche Gaben in drei Kategorien unterteile – die jeweils der grünen, roten und blauen Dimension des Glaubens entsprechen –, dann muss ich betonen, dass dieses System, wie alle anderen, nicht *die* biblische Sicht darstellt, sondern lediglich ein weiterer Versuch ist, die vielfältigen Aussagen des Neuen Testaments zu erklären. Niemand muss dieses System übernehmen. Ich bin jedoch überzeugt, dass diese trinitarische Sicht von geistlichen Gaben ein hilfreiches Instrument ist, bestimmten Tendenzen in unseren Gemeinden auf die Spur zu kommen.

Die drei Kategorien reflektieren verschiedene Aspekte von Gottes Dienst an uns. Zugleich reflektieren sie verschiedene Aspekte unseres Dienstes an anderen Menschen.

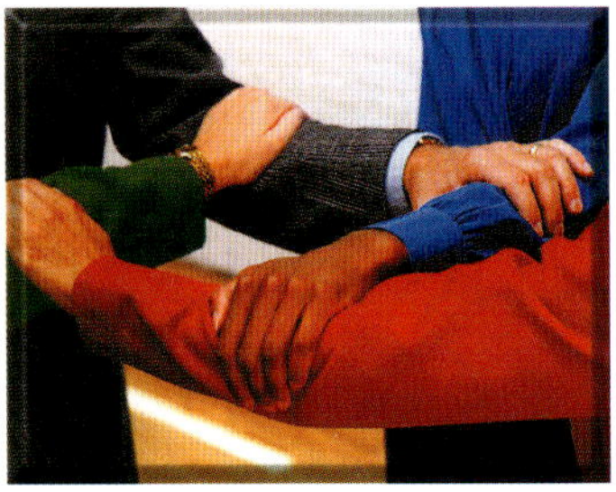

Welche Gaben sind in Ihrer Gemeinde dominant?

Wenn Sie den *3-Farben-Gabentest* machen, werden Sie feststellen, in welchen der drei Bereiche Ihre Gaben liegen. Für Sie als einzelnem Christ mag diese Information nicht sonderlich relevant sein, denn Sie können – und sollten! – die Gaben, die Gott Ihnen gegeben hat, akzeptieren, ob sie nun primär grün, rot oder blau sein mögen. Sie brauchen Ihre persönliche Gaben-Kombination nicht zu ändern, denn sie entspricht Gottes Berufung für Sie. Es mag sein, dass Sie vor allem „rote" Gaben haben, während andere Christen „blaue" oder „grüne" Gaben haben – fantastisch! Wenn jedoch Ihre ganze Gemeinde den *3-Farben-Gabentest* macht, kann es hilfreich sein zu analysieren, welche Farben stärker als andere vertreten sind. Das Ergebnis einer solchen Analyse wird wahrscheinlich die Kultur Ihrer Gemeinde – einschließlich ihrer Schwachpunkte – zum Ausdruck bringen.

Wir haben bereits gesehen, dass unterschiedliche christliche Traditionen eine besondere Nähe zu einer – oder auch zwei – der drei Farben haben (siehe Diagramm rechts oben). Häufig (wenn auch durchaus nicht immer) kommt dies durch die Gaben zum Ausdruck, die in einzelnen Gemeinden, die zu einer dieser Traditionen gehören, überwiegen.

	Grünes Segment	Rotes Segment	Blaues Segment
Biblisches Modell	Schöpfung	Golgatha	Pfingsten
Schlüsselwort	Werk	Wort	Wunder
Lieblingsthema	Welt	Christus	Gemeinde
Aufnahmebereite Gruppe	Liberale	Evangelikale	Charismatiker

Diese Tabelle zeigt unterschiedliche Tendenzen, die sich in verschiedenen Gruppen im Blick auf geistliche Gaben finden lassen. Da es Gottes Wille ist, dass die Gemeinde sein Wesen widerspiegelt, vertraut er ihr in allen drei Bereichen geistliche Gaben an.

Warum haben Gemeinden unterschiedliche Gaben-Kombinationen?

Wie können wir erklären, dass unterschiedliche Gemeinden unterschiedliche Gaben-Kombinationen haben? Es scheint mir ganz normal zu sein, dass diejenigen Gaben, die in einer Gemeinde gelehrt, erwartet und gefördert werden, auch häufiger entdeckt werden als diejenigen, die mit der gemeindlichen Kultur in Spannung stehen. Wenn zum Beispiel soziales Engagement in einer bestimmten Gemeinde keinen hohen Stellenwert hat, dann ist es voraussagbar, dass die Gemeindeglieder längst nicht so viele Gaben im „grünen" Bereich entdecken wie es in einem anderen Umfeld geschehen würde. Wenn die Dimension des Übernatürlichen in einer bestimmten Gemeinde als unwichtig angesehen wird, dann ist es voraussagbar, dass wir hier weniger „blaue" Gaben finden werden als in anderen Gemeinden. Und wenn das Anliegen, Menschen für Christus zu gewinnen, in einer Gemeinde keine Priorität hat, können wir vorhersagen, dass weniger Gaben im „roten" Bereich entdeckt werden als in solchen Gemeinden, in denen der Missionsauftrag im Zentrum aller gemeindlichen Aktivitäten steht.

Wenn wir diese trinitarische Kategorisierung benutzen, müssen wir uns vor dem Missverständnis hüten, dass die unterschiedlichen Gaben von den verschiedenen „Personen der Gottheit" verliehen werden – als ob der Vater die „grünen" Gaben vergibt, der Sohn die „roten" und der Heilige Geist schließlich die „blauen". Nein! Alle Gaben werden vom gleichen Gott vergeben, und alle Gaben reflektieren unterschiedliche Aspekte von Gottes Dienst an uns. Zugleich reflektieren sie unterschiedliche Aspekte unseres Dienstes an anderen Menschen.

Ihre Gedanken:

- *Wenn Sie an Gaben in jeder der drei Kategorien denken, welche Farben sind in Ihrer Gemeinde stärker repräsentiert als andere?*

Kapitel 2: Gaben verstehen

Quiz: Was wissen Sie über geistliche Gaben?

Kreuzen Sie an, ob Sie die folgenden Aussagen für richtig oder falsch halten:

Richtig Falsch

1. Gott belohnt Christen mit geistlichen Gaben, wenn sie im Glauben treu sind.
2. Wenn ein Mensch eine geistliche Gabe empfängt, ist davon auszugehen, dass er sie sein Leben lang behält.
3. Die meisten Christen haben geistliche Gaben; manche aber nicht.
4. Jeder Christ kann jede Gabe empfangen, wenn er nur will.
5. Es gibt mehr Christen, die eine bestimmte Gabe nicht haben, als solche, die sie haben.
6. Gott vertraut jedem Christen die gleichen Gaben an; lediglich die Art, wie sie ausgeübt werden, ist unterschiedlich.
7. Ein Christ sollte sich bemühen, möglichst alle im Neuen Testament genannten Geistesgaben zu praktizieren.
8. Christen sollten sich vor allem in Bereichen engagieren, wo sie keine geistlichen Gaben haben, um nicht einseitig zu werden.
9. Es handelt sich nur dann um eine geistliche Gabe, wenn sie sich auf natürliche Weise nicht erklären lässt.
10. Der *3-Farben-Gabentest* muss nur einmal im Leben durchgearbeitet werden; seine Ergebnisse gelten ein Leben lang.
11. Die Bibel lehrt uns klar und deutlich, dass es drei Kategorien von Gaben gibt, die sich auf die Farben grün, rot und blau beziehen.
12. Ein Christ sollte wohl seine Gaben praktizieren, aber nicht darüber reden.
13. Wer eine kirchliche Leitungsposition hat und entdeckt, dass er nicht die entsprechende geistliche Gabe hat, sollte zurücktreten.
14. Der einzige Grund, warum Gott uns geistliche Gaben gibt, ist, dass wir unsere persönliche Beziehung zu ihm vertiefen.

Antworten:
1. F 2. R 3. F 4. F 5. R 6. F 7. F 8. F 9. F 10. F 11. F 12. F 13. R 14. F

Wie Sie Ihre Gaben herausfinden können

Einerseits lehrt uns die Bibel, dass jeder Christ mindestens eine geistliche Gabe hat, andererseits wissen 80 Prozent der engagierten Christen nicht, was ihre Gaben sind. Was ist in dieser Situation zu tun? Folgende Schritte können jedem Christen dabei helfen, seine Gaben ausfindig zu machen.

Kapitel 3: Gaben entdecken

Schritt 1: Öffnen Sie sich Gott im Gebet

Wenn Sie darangehen, Ihre geistlichen Gaben zu entdecken, so sollte der gesamte Prozess vom Gebet begleitet sein. Dies ist kein Punkt, der als ein Schritt unter anderen irgendwann erledigt wäre. Ganz gleich, ob Sie ein Buch über Geistesgaben lesen, ob Sie den *3-Farben-Gabentest* ausfüllen, ob Sie an einem Workshop zum Thema teilnehmen oder mit Gaben experimentieren – fragen Sie Gott immer: „Was willst du mir dadurch zeigen?"

Nur in dem Maße, wie Sie sich Gott im Gebet wirklich öffnen, können Sie neue geistliche Entdeckungen erwarten.

Vielen Christen fällt es schwer, sich Gott im Gebet wirklich zu öffnen. Sie haben ganz bestimmte Vorstellungen von geistlichen Gaben und sind so sehr auf diese Vorstellungen fixiert, dass sie gar nicht mehr in der Lage sind, von Gott neue Erkenntnisse zu erwarten.

Offen für neue Entdeckungen

Wenn Sie mit Gott reden, dann seien Sie auch dafür offen, dass er nicht nur das bestätigt, was Sie bisher schon kannten. Nur mit einer solchen Offenheit können Sie neue geistliche Entdeckungen machen.

Ihre Gedanken:

- *Sind Sie offen für alle geistlichen Gaben, die das Neue Testament erwähnt? Oder gibt es bestimmte Gaben, die Sie nur sehr ungern hätten? Wenn das der Fall ist, schreiben Sie diese Gaben hier auf:*

- *Haben Sie irgendwelche negativen Erfahrungen mit Christen gemacht, die bestimmte Gaben praktizierten? Wenn das der Fall ist, sollten Sie es im Gebet vor Gott bringen und ihn bitten, dass diese Erfahrungen nicht Ihren eigenen Entdeckungsprozess blockieren.*

- *Haben Sie Gott schon ganz bewusst gebeten, die Materialien, mit denen Sie gerade arbeiten, zu benutzen, um Ihnen Ihre geistlichen Gaben zu zeigen? Wenn nicht, sollten Sie es jetzt tun.*

Schritt 2: Seien Sie bereit Ihre Gaben einzusetzen

Geistliche Gaben sind dafür da, eine bestimmte Aufgabe zu erfüllen. Dafür hat Gott sie gegeben. Deshalb: Wer ernsthaft daran interessiert ist, seine Gaben ausfindig zu machen, muss von vornherein bereit sein, diese Gaben zum Aufbau der Gemeinde einzusetzen.

Mir erzählte einmal ein Christ, wie sehr er sich danach sehne, dass Gott ihm die Gabe der Krankenheilung schenkt. Ich fragte ihn, ob er auch bereit sei, diese Gabe in einem kontinuierlichen Gebetsdienst für kranke Menschen einzusetzen.

Er schüttelte den Kopf: „Nein, ich glaube nicht, dass ich für so einen Dienst der richtige Mensch wäre."

„Wieso sollte Gott dir diese Gabe schenken, wenn du sie ohnehin nicht einsetzt?", fragte ich ihn.

Darauf er: „Ich möchte einfach einmal erfahren, was für ein Gefühl das ist, wenn durch meine Gebete andere gesund werden."

Das Motiv muss stimmen

Zu erleben, was für ein Gefühl es ist, eine bestimmte Gabe zu haben – das mag ein verständliches Motiv sein, es ist aber kein gutes Motiv. Gaben sind immer zum Dienst gegeben (1. Petr. 4,10). Wenn wir nicht bereit sind, eine bestimmte Gabe auch einzusetzen – warum sollte Gott sie uns dann zeigen?

Wenn wir nicht bereit sind, unsere Gaben einzusetzen - warum sollte Gott sie uns dann zeigen?

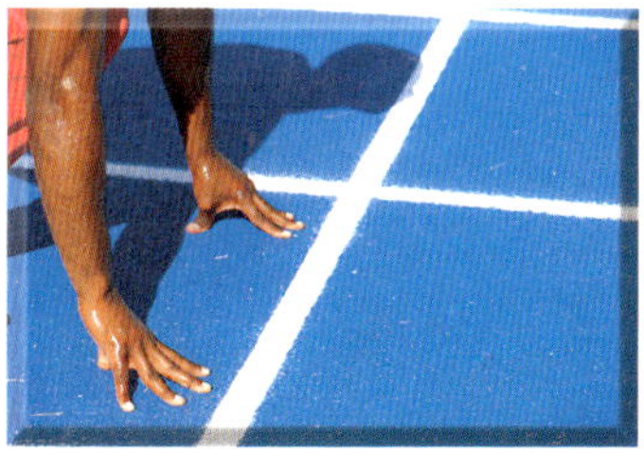

Ihre Gedanken:

• *Wählen Sie für den folgenden Prozess eine der auf Seite 99 aufgelisteten Gaben, von der Sie annehmen, dass Sie sie haben. Wenn Sie keine wissen, dann wählen Sie eine solche, die Sie gerne hätten. Schreiben Sie den Namen dieser Gabe hier auf:*

• *Wie viele Stunden pro Woche wären Sie bereit, für den Einsatz und die Entwicklung dieser Gabe zu investieren?*

________ *Stunden*

Kapitel 3: Gaben entdecken

Schritt 3: Machen Sie sich sachkundig

Sie werden Schwierigkeiten haben, Ihre geistlichen Gaben zu entdecken, wenn Sie nicht wissen, welche Gaben es überhaupt gibt und was unter den einzelnen Bezeichnungen genau zu verstehen ist. Deshalb ist es wichtig, dass Sie sich möglichst sachkundig machen.

Studieren Sie, was die Bibel zu diesem Thema sagt. Besprechen Sie es in Ihrem Hauskreis. Lernen Sie Menschen kennen, von denen Sie wissen, dass sie eine bestimmte Gabe haben – und fragen Sie sie danach, wie sie diese Gabe entdeckt haben. Studieren Sie Bücher zum Thema. Lesen Sie die Beschreibungen der einzelnen Gaben im 5. Kapitel dieses Buches.

Sie werden kaum Ihre Gaben ausfindig machen, solange Sie nicht wissen, welche Gaben es überhaupt gibt.

Fehlende Informationen

Ein großer Teil der Schwierigkeiten, die wir in unseren Gemeinden mit der „gabenorientierten Mitarbeiterschaft" haben, rührt schlicht daher, dass die meisten Christen über dieses wunderbare göttliche Prinzip viel zu wenig wissen. Die gute Nachricht ist, dass sich diese Situation ziemlich leicht ändern lässt. Zum Glück ist es heute in den meisten Ländern nicht mehr sonderlich schwierig, Hilfsmittel zu bekommen, wie wir unsere Gaben entdecken und benutzen können.

Ihre Gedanken:

- *Schreiben Sie hier den Namen eines Menschen auf, mit dem Sie über die Gabe, die Sie bei sich testen wollen (siehe Seite 57), sprechen können (am besten jemand, der die Gabe selber hat). Wie hat er seine Gabe entdeckt? Wie setzt er sie ein? Schreiben Sie sich stichpunktartig seine Antworten auf.*

- *Lesen Sie die Informationen über diese Gabe in Kapitel 5 dieses Buches. Was kennzeichnet Christen, die diese Gabe haben?*

Schritt 4: Testen Sie, was Ihnen Freude macht

Es ist ein unausrottbarer Mythos, dass eine Aufgabe nur dann ein „wirklicher Dienst" sei, wenn der Mitarbeiter in, mit und unter dieser Aufgabe leidet. Eine Aufgabe, die Freude macht, ist in den Augen mancher Christen fast schon etwas Verdächtiges.

Bei einer Gemeindereportage erzählte mir eine Mitarbeiterin: „Seit 20 Jahren schon mache ich jetzt die Kindergottesdienstarbeit, und wissen Sie, ich kann Kinder nicht gut um mich herum ertragen. Aber als Christ habe ich nicht danach zu fragen, ob mir ein Dienst Freude macht. Wichtig ist, dass Gott einen Menschen berufen hat."

Gott selbst hat es so geplant, dass uns die Ausübung unserer geistlichen Gaben Freude macht.

Ob Gott diese Frau wirklich zu dieser Aufgabe berufen hat? Ich wage es zu bezweifeln. Sie leidet an jedem Kindergottesdienst – und die Veranstaltungen sind auch, wie ich von anderen Gemeindegliedern hörte, entsprechend katastrophal. So leidet die Mitarbeiterin, es leiden die Kinder, die Eltern, der Pastor – und ich bin sicher, dass auch Gott unter einer solchen Situation leidet! Sie entspricht einfach nicht seinem Plan.

Gaben einsetzen macht Freude

Es ist normal, dass das Praktizieren einer geistlichen Gabe Freude macht. Wer die Gabe der Evangelisation hat, der hat Freude daran, Menschen zum Glauben zu führen. Wer die Gabe der Gastfreundschaft hat, der hat Freude daran, Menschen bei sich aufzunehmen. Wer die Gabe des Dienens hat, der hat Freude daran, auch unauffällige Dienste zu tun, damit Gemeinde Jesu Christi gebaut werden kann.

Ich erwähnte schon, dass Gott mir die Gabe des Lehrens gegeben hat. Mir macht es riesigen Spaß, Untersuchungen in Gemeinden durchzuführen, die Ergebnisse systematisch auszuwerten, das Ganze in leicht einprägsame Schaubilder umzusetzen, Arbeitsmaterialien herzustellen, Unterrichtseinheiten vorzubereiten und sie dann auch durchzuführen. Mit solchen Tätigkeiten kann ich leicht 12 oder 16 Stunden des Tages ausfüllen – und bin dabei glücklich und zufrieden. Müsste ich mich dagegen 12 Stunden am Tag um Gäste kümmern – Gastfreundschaft gehört nicht zu meinen geistlichen Gaben –, so wäre es nicht unwahrscheinlich, dass ich schon nach zwei bis drei Tagen völlig erschöpft zusammenbrechen würde. Dagegen können andere, die diese Gabe haben, in solchen Situationen regelrecht aufblühen!

Freude oder Pflichterfüllung?

Gott selbst hat es so geplant, dass uns die Ausübung unserer geistlichen Gaben Freude macht. Warum? Ich denke, es liegt daran, dass er uns sehr genau kennt und weiß, dass wir eine Sache, die uns Freude macht, wesentlich besser ausführen. Und die Menschen, mit denen wir zu tun haben, merken sehr schnell, ob wir mit Begeisterung bei der Sache sind oder ob wir lediglich müde und frustriert das erledigen, was wir als unsere Pflicht ansehen.

Kein „Lust-und-Laune-Prinzip"

Wenn Sie also Ihre geistlichen Gaben ausfindig machen wollen, dann fragen Sie sich, was Ihnen Freude macht. Verwechseln Sie diese Frage allerdings nicht mit dem Lust-und-Laune-Prinzip. Auch wenn es mir ungeheure Freude macht, meine Gaben zu praktizieren, schließt das nicht aus, dass ich immer wieder in Situationen komme, in denen ich am liebsten alles hinschmeißen würde. Oft habe ich nicht die geringste Lust, eine bestimmte Veranstaltung wahrzunehmen, muss mich aber dazu zwingen.

Solche Erfahrungen stehen nicht im Widerspruch zu der Aussage, dass das Praktizieren von geistlichen Gaben Freude macht. Jede Sache, die uns langfristig Freude macht, ist mit Anstrengungen und oft auch mit Krisen verbunden. Bergsteiger haben mir erzählt, welche Strapazen sie bei einer Tour auf sich nehmen und wie viele Tiefpunkte es dabei zu überwinden gibt. Aber gerade deshalb erleben sie ein ganz besonderes Gefühl von Freude, wenn sie den Gipfel erreicht haben – ein Gefühl, das derjenige, der die unbeschwerte Seilbahnfahrt vorzieht, niemals erleben wird.

Ihre Gedanken:

Jede Sache, die uns langfristig Freude macht, ist mit Anstrengungen und oft auch mit Krisen verbunden.

- *Welche Aufgaben haben Ihnen bisher am meisten Freude gemacht?*

- *Welche Tätigkeiten bereiten Ihnen am meisten Unwohlsein?*

- *Betrachten Sie nun genauer die Gabe, die Sie auf Seite 57 ausgewählt haben. Wie fühlen Sie sich, wenn Sie die entsprechende Tätigkeit ausüben?*

- *Welche Umstände könnten die Ausübung dieser Tätigkeit unangenehm machen (selbst wenn eine entsprechende Gabe vorhanden ist)?*

Schritt 5: Experimentieren Sie so viel wie möglich

Kapitel 3: Gaben entdecken

Wie wollen Sie herausfinden, ob Ihnen die Ausübung einer bestimmten Gabe Freude macht, wenn Sie es nie versucht haben? Vielleicht haben Sie die Gabe des Gebens, haben sie aber noch nie praktiziert, so dass Sie auch nicht entdecken konnten, wie viel Freude es Ihnen macht, regelmäßig einen beträchtlichen Teil Ihres Einkommens anderen zu geben.

Oder Sie haben die Gabe der Evangelisation, wissen es aber noch nicht, weil Sie es noch nie ausprobiert haben.

Oder vielleicht hat Gott Ihnen längst die Gabe der Heilung gegeben, ohne dass Sie sich dessen bewusst sind, weil Sie noch nie mit anderen Menschen um Heilung gebetet haben.

Ohne dass Sie möglichst viel experimentieren, werden Sie kaum Ihren geistlichen Gaben auf die Spur kommen.

Wie wollen Sie herausfinden, ob Ihnen eine bestimmte Aufgabe Freude macht, wenn Sie es nie versucht haben?

Ihre Gedanken:

- *Betrachten Sie jetzt noch einmal genauer die Gabe, die Sie auf Seite 57 aufgeschrieben haben. Bei welchen Aufgaben in Ihrer Gemeinde könnte diese Gabe gebraucht werden? In welchen dieser Aufgaben waren Sie bereits tätig? Welche Aufgabe würden Sie gerne einmal ausprobieren?*

- *Sind Sie in letzter Zeit in Ihrer Gemeinde auf irgendwelche Aufgaben aufmerksam geworden, die von niemandem ausgefüllt werden? Wenn ja, welche?*

- *Könnten Sie sich vorstellen, in diesen Bereichen selbst tätig zu werden?*

- *Schreiben Sie hier alle Gaben auf (siehe Liste auf Seite 99), mit denen Sie bereits experimentiert haben:*

Kapitel 3:
Gaben entdecken

Schritt 6: Überprüfen Sie nüchtern Ihre Wirksamkeit

Wenn Sie glauben, dass Sie die Gabe der Evangelisation haben, diese Gabe auch praktizieren, aber Monat für Monat keinen Menschen zu Jesus führen, dann haben Sie Grund, Ihre Annahme zu bezweifeln. Wenn Gott Ihnen diese Gabe gegeben hat, dann sorgt er auch dafür, dass durch Ihr Engagement Menschen zum Glauben kommen.

Geistliche Gaben sind dazu da, bestimmte Ergebnisse zu erzielen.

Wenn Sie die Gabe der Heilung haben, dann erleben Sie auch, wie Menschen gesund werden. Wenn Sie die Gabe des Lehrens haben, dann lernen andere Menschen von Ihnen. Wenn Sie die Gabe der Leitung haben, dann folgen Ihnen andere Menschen. Wenn Sie die Gabe der Seelsorge haben, werden Sie von anderen hören, dass Sie sich durch Ihren Dienst ermutigt fühlen.

Geistliche Gaben sind dazu gegeben, Ergebnisse zu erzielen. Das Überprüfen der eigenen Wirksamkeit ist deshalb ein unerlässlicher Schritt im Entdeckungsprozess.

Ihre Gedanken:

- *Schreiben Sie hier die Wirkungen auf, die die Praktizierung der verschiedenen geistlichen Gaben hat:*

Gabe	**Wirkung**
Heilung	Menschen werden gesund
Seelsorge	
Leitung	
Organisation	
Gastfreundschaft	
Gebet	

- *Welche Wirkungen traten ein, als Sie die auf Seite 57 notierte Gabe eingesetzt haben?*

Schritt 7: Suchen Sie das Urteil anderer

Kapitel 3: Gaben entdecken

Ich kenne Christen, die hundertprozentig davon überzeugt sind, dass Gott ihnen eine bestimmte Gabe gegeben hat. Sie haben intensiv darüber gebetet (diese Art von Gebet scheint geradezu zu ihren Lieblingsbeschäftigungen zu gehören); sie sind bereit, ihre Gaben auch einzusetzen (ob es in einer bestimmten Situation angemessen ist oder nicht); sie wissen alles über die verborgenen Geheimnisse hinter ihren Gaben (in der Regel weitaus mehr, als uns die Bibel lehrt); sie haben Freude an ihrer Aufgabe (sie können es einfach nicht verbergen); sie haben wie die Weltmeister experimentiert (ob sie damit Schaden angerichtet haben oder nicht); und sie halten ihren Dienst auch für ausgesprochen wirksam. Ihr Problem ist allein, dass sie die Einzigen sind, die so denken!

Wann immer das der Fall ist, sollten Sie skeptisch werden. Das Urteil anderer Christen – aus der eigenen Gemeinde und darüber hinaus – ist eine wichtige Kontrolle aller vorangegangen Schritte.

Ihre Gedanken:

- *Was sollten die Eigenschaften eines Menschen sein, der dafür in Frage kommt, eine geistliche Gabe zu bestätigen?*

- *Schreiben Sie hier den Namen eines Menschen auf, der Ihnen dabei helfen könnte, die auf Seite 57 genannte Gabe zu bestätigen:*

- *Wann werden Sie mit ihm ein Gespräch führen?*

Das Urteil anderer Christen ist eine wichtige Kontrolle aller vorangegangenen Schritte.

Kapitel 3: Gaben entdecken

Der 3-Farben-Gabentest

Bevor Sie mit dem Test beginnen, noch einige kurze Erläuterungen:

1. **Fragebogen ausfüllen:** Lesen Sie zunächst die folgenden 180 Aussagen durch – und kreuzen Sie dabei von den fünf Antwortmöglichkeiten jeweils diejenige an, die *am ehesten* auf Sie zutrifft. Seien Sie dabei möglichst ehrlich zu sich selbst, denn nur so erhalten Sie Ergebnisse, mit denen Sie etwas anfangen können.
2. **Fremdbeurteilungsbögen ausfüllen lassen:** Trennen Sie die beiden gelben Blätter (Seiten 77-80) heraus und lassen Sie sie von zwei Personen ausfüllen, die Sie gut kennen (z. B. Ehepartner, Freund, Gemeindeglied, Pastor). Tragen Sie zuvor in die erste Zeile der Bögen Ihren Namen ein. Bitten Sie die beiden Personen, die Fragen möglichst ehrlich zu beantworten. (Wenn Sie aus irgendwelchen Gründen Schwierigkeiten haben, eine zweite Person zu finden, so können Sie den Test auch mit nur einem Fremdbeurteilungsbogen durchführen.)
3. **Auswertungsbogen ausfüllen:** Wenn alle Fragen beantwortet sind, trennen Sie den Auswertungsbogen (Seite 81) heraus und befolgen Sie die Anleitung, die Sie darauf finden.
4. **Ergebnisse normieren:** Um exakt normierte Ergebnisse zu bekommen, übertragen Sie Ihre Ergebnisse vom Auswertungsbogen in die Normierungsblätter (Seiten 83-84). Auf diese Weise werden Sie einige Gaben finden, die in Ihrem Leben bereits deutlich sichtbar geworden sind („manifeste Gaben"). Darüber hinaus werden Sie einige Gaben finden, die möglicherweise bei Ihnen vorhanden sind, bei denen Sie aber bisher noch nicht genügend Einsatzmöglichkeiten hatten („latente Gaben").
5. **Erläuterungen lesen:** Lesen Sie zu allen Gaben, die Sie auf diese Weise ausfindig machen konnten, unbedingt die entsprechenden Erläuterungen in Kapitel 5.
6. **Auswertungsbogen einsenden** (wenn Sie mögen): Ich wäre Ihnen dankbar, wenn Sie mir (über den Verlag, dessen Adresse Sie auf Seite 4 finden) den Auswertungsbogen (oder eine Kopie davon) senden. Wenn Sie wollen, können Sie den Bogen ohne Ihren Namen einsenden; wir werten die Ergebnisse ohnehin anonym aus. Sie helfen uns damit, weiter auf dem Gebiet der geistlichen Gaben zu forschen.
7. **Kapitel 4 durcharbeiten:** Wenn Sie diese Schritte erledigt haben, gehen Sie weiter zum 4. Kapitel des Arbeitsbuches.

Und nun – viel Spaß beim Entdecken Ihrer geistlichen Gaben!

Seien Sie beim Ausfüllen ehrlich zu sich selbst, denn nur so erhalten Sie Ergebnisse, mit denen Sie auch etwas anfangen können.

Es macht mir...

Freude,...*

* Wenn Sie in einigen der folgenden Bereiche noch keine Erfahrungen gemacht haben, kreuzen Sie bitte die rechte Spalte an.

	sehr viel	viel	mäßig	wenig	überhaupt keine	
1						... detaillierte Pläne zu entwerfen, wie bestimmte Ziele erreicht werden können.
2						... mich an die Lebensart von Menschen in anderen Kulturen anzupassen.
3						... ohne Ehepartner und Familie zu leben. (Verheiratete bitte rechte Spalte ankreuzen.)
4						... Aussagen anderer Christen daraufhin zu überprüfen, ob sie die Gemeinde auf einen falschen Weg bringen könnten.
5						... mit Nichtchristen über Jesus und meine Beziehung zu ihm zu sprechen.
6						... andere Menschen zu ermutigen.
7						... Ziele, die anderen unrealistisch erscheinen, zu formulieren und konsequent darauf zuzugehen.
8						... großzügig mein Geld und meinen Besitz für die Arbeit am Reich Gottes zur Verfügung zu stellen.
9						... dabei mitzuwirken, dass Menschen Befreiung von dämonischen Bindungen erfahren.
10						... regelmäßig für die Heilung von Kranken zu beten.
11						... an Hilfsmitteln zu arbeiten, die anderen Menschen das Lernen so interessant und einfach wie möglich machen.
12						... in Zungen zu beten.
13						... Menschen bei der Analyse ihrer Situation zu helfen.
14						... mich mit einem niedrigen Lebensstandard zu begnügen.
15						... Dinge zu reparieren und instand zu halten.
	4	3	2	1	0	

Es macht mir...

Freude,...*

* Wenn Sie in einigen der folgenden Bereiche noch keine Erfahrungen gemacht haben, kreuzen Sie bitte die rechte Spalte an.

	sehr viel	viel	mäßig	wenig	überhaupt keine	
16						... im Hintergrund zu arbeiten, um dadurch Christen, die mehr im Rampenlicht stehen, in ihrem Dienst zu unterstützen.
17						... auch unangemeldete Besucher freundlich zu empfangen und ihnen Essen und Unterkunft zu geben.
18						... eine Stunde oder länger im Gebet zu verbringen.
19						... aus dem Zungenreden eines anderen Christen herauszuhören, was Gott uns sagen will.
20						... viel Zeit damit zu verbringen, durch das Studium von Literatur neue Erkenntnisse zu gewinnen.
21						... Menschen so zu führen, dass sie engagiert auf ein gemeinsames Ziel zusteuern.
22						... inmitten von Leid eine positive Lebenseinstellung zu zeigen.
23						... mich um Menschen zu kümmern, die am Rande der Gesellschaft stehen.
24						... für Dinge zu beten, die die Naturgesetze durchbrechen.
25						... mich so bei der Problembewältigung anderer Gemeinden zu engagieren, dass ich zu einer Lösung beitragen kann.
26						... mich um das geistliche Wohlergehen anderer Christen zu kümmern und sie langfristig zu begleiten.
27						... als Sprachrohr zu dienen, durch das Gott klare Anweisungen in eine bestimmte Situation hinein gibt.
28						... kleine und scheinbar unbedeutende Aufgaben in der Gemeinde zu übernehmen.
29						... hart daran zu arbeiten, meine musikalischen Fähigkeiten zu trainieren.
30						... meine Gedanken und Empfindungen mit künstlerischen Mitteln auszudrücken (z. B. Theater, Malen, Grafik, Pantomime).
	4	3	2	1	0	

Ich möchte... stärker als bisher...

	außerordentlich gerne	sehr gern	gern	nicht besonders gern	ungern	
31						... gemeindliche Projekte selbstständig planen, organisieren und die richtigen Leute für die Durchführung suchen.
32						... Kontakte zu Menschen in anderen Kulturen haben.
33						... mich damit beschäftigen, ob es Gottes Wille für mich ist, unverheiratet zu bleiben. (Verheiratete rechte Spalte ankreuzen.)
34						... Worte anderer Christen daraufhin überprüfen, ob sie mit der Bibel übereinstimmen.
35						... mit Nichtchristen über den Glauben an Jesus Christus ins Gespräch kommen.
36						... Menschen in Not persönlich begleiten.
37						... sehen, dass „visionäre Menschen" in der Gemeinde den Ton angeben.
38						... mit den geeigneten Personen und Projekten in Berührung kommen, die auf meine finanzielle Hilfe angewiesen sind.
39						... von Gott im Kampf gegen dämonische Mächte gebraucht werden.
40						... als Werkzeug dienen, durch das Gott übernatürliche Heilung schenkt.
41						... Zeit dafür einsetzen, anderen Christen Fertigkeiten und Wissen zu vermitteln.
42						... im Gespräch mit Gott die Ebene des Rationalen durchbrechen, um ihn in neuen Sprachen anzubeten.
43						... Menschen oder Organisationen dabei helfen, effektive Wege zur Erreichung ihrer Ziele zu finden.
44						... meinen materiellen Lebensstandard erheblich herunter schrauben.
45						... mit meinen Händen etwas ganz Praktisches für Gott tun.
	4	3	2	1	0	

Ich möchte... stärker als bisher...

	außerordentlich gern	sehr gern	gern	nicht besonders gern	ungern	
46						... andere Christen dadurch unterstützen, dass ich meine Gaben in ihren Dienst stelle.
47						... bei mir zu Hause fremden Menschen eine Atmosphäre vermitteln, in der sie sich wohl fühlen.
48						... viel Zeit dem Gebet widmen.
49						... dazu gebraucht werden, die Zungenrede anderer Christen in einer allgemein verständlichen Sprache auszulegen.
50						... Ideen sammeln und auswerten, die für die Gemeinde Jesu Christi wichtig sind.
51						... zu Leitungsaufgaben herangezogen werden.
52						... mich Situationen stellen, in denen der Glaube mit persönlichen Opfern verbunden ist.
53						... mit Menschen zu tun haben, die von der Gesellschaft vernachlässigt oder ausgestoßen werden.
54						... erleben, dass Gott mich benutzt, um Zeichen und Wunder zu tun.
55						... für die Gründung neuer Gemeinden arbeiten, um so Menschen zu gewinnen, die anders nicht erreicht würden.
56						... Christen begleiten, um ihnen zu helfen, im Glauben zu wachsen.
57						... anderen Christen deutlich machen, was in einer bestimmten Situation der Wille Gottes ist.
58						... hinzugezogen werden, wenn in der Gemeinde Aufgaben erledigt werden müssen.
59						... Gott auf musikalische Weise dienen.
60						... meine Empfindungen in kreativer Weise (z. B. Theater, Malerei, Töpfern, Tanz etc.) ausdrücken.
	4	3	2	1	0	

Ich habe...

die Erfahrung gemacht,...

Nr.	sehr häufig	oft	manchmal	selten	nie	
61						... dass ich Pläne entwickeln konnte, wie Arbeit in der Gemeinde rationeller durchgeführt werden kann.
62						... dass sich Menschen aus anderen Kulturkreisen von mir angezogen fühlten.
63						... dass ich als Alleinstehende(r) mehr Kraft habe, für Gott zu arbeiten. (Verheiratete rechte Spalte ankreuzen.)
64						... dass ich falsche Motive hinter geistlich klingenden Worten erkannt habe.
65						... dass Gott mich benutzt hat, andere Menschen zum Glauben an Jesus Christus zu führen.
66						... dass Menschen durch meinen Trost Hilfe erfahren haben.
67						... dass mich andere für einen „Spinner" halten, weil ich ihrer Meinung nach an „utopischen Zielen" festhalte.
68						... dass ich durch Weggeben eines beträchtlichen Teils meines Geldes anderen Menschen helfen konnte.
69						... dass Menschen durch mein Gebet von dämonischen Bindungen frei geworden sind.
70						... dass Gott körperlich oder seelisch kranke Menschen, für die ich gebetet habe, geheilt hat.
71						... dass andere Christen mir bestätigten, dass ich ihnen mein Wissen überdurchschnittlich interessant vermitteln konnte.
72						... dass ich in einer mir unbekannten Sprache zu Gott gebetet habe.
73						... dass mich andere nach Lösungen für ein kompliziertes Problem gefragt haben und ich ihnen helfen konnte.
74						... dass ich einen besseren Zugang zu armen Menschen finde, weil ich einen einfachen Lebensstil praktiziere.
75						... dass ich mit der Geschicklichkeit meiner Hände anderen Menschen helfen konnte.
	4	3	2	1	0	

Ich habe...

die Erfahrung gemacht,...

	sehr häufig	oft	manchmal	selten	nie	
76						... dass Christen in verantwortlichen Positionen besser ihren Dienst tun konnten, weil ich ihnen Aufgaben abnahm.
77						... dass sich viele Leute bei mir treffen, weil sie sich hier offensichtlich wohler fühlen als woanders.
78						... dass Gott ganz deutlich eingegriffen hat, wenn ich für bestimmte Anliegen gebetet habe.
79						... dass meine Auslegung des Zungenredens in die Situation hinein gepasst hat.
80						... dass ich als Erster neue Ideen hervorgebracht habe, die sich später als nützlich erwiesen haben.
81						... dass ich andere Christen dazu motivieren konnte, für die Erreichung bestimmter Ziele zu arbeiten.
82						... dass durch mein Leiden andere Menschen gestärkt wurden.
83						... dass ich Menschen, die in Not waren, praktisch helfen konnte.
84						... dass Gott mich als Werkzeug benutzt hat, um Zeichen und Wunder zu vollbringen.
85						... dass Leiter anderer Gemeinden meine Ratschläge akzeptiert und umgesetzt haben.
86						... dass ich anderen Christen durch langfristige persönliche Begleitung dabei helfen konnte, im Glauben zu wachsen.
87						... dass mir Christen bestätigten, dass das, was ich ihnen weitergab, eine Botschaft von Gott war.
88						... dass ich eher als andere sehe, was es in der Gemeinde zu tun gibt, um es dann auch selbst zu tun.
89						... dass andere Menschen gebannt zuhörten, wenn ich meine musikalischen Fähigkeiten einsetzte.
90						... dass ich meine kreativen Fähigkeiten (z. B. Schreiben, Malen, Theater etc.) zur Ehre Gottes einsetzen konnte.
	4	3	2	1	0	

Die folgende Aussage trifft...

auf mich zu:

Nr.	sehr stark	stark	weniger stark	nur sehr schwach	gar nicht	Aussage
91						Ich plane meinen Tag und überlasse möglichst wenig dem Zufall.
92						Ich habe Freude daran, von der Lebensart anderer Kulturen zu lernen.
93						Ich kann mich gut mit den Worten des Paulus identifizieren, andere sollten ebenso unverheiratet bleiben, wie er es war.
94						Es beunruhigt mich außerordentlich, wenn jemand etwas Richtiges mit den falschen Motiven sagt.
95						Es ist mir ein großes Problem, dass viele Christen ihren Glauben nicht weitersagen.
96						Wenn mir Menschen von ihren Problemen erzählen, zeige ich mehr Mitgefühl als andere.
97						Für mich ist es völlig klar, dass Gott auch dann zu seinen Zusagen steht, wenn alle Umstände dagegen sprechen.
98						Ich fühle mich persönlich angesprochen, wenn ich von finanziellen Bedürfnissen anderer Menschen erfahre.
99						Mich bedrückt es, dass viele Christen gar nicht mit der Existenz von Dämonen rechnen.
100						Es bedrückt mich mehr als andere Christen, dass in vielen Gemeinden nur so wenig für Kranke gebetet wird.
101						Ich leide darunter, dass nur wenige Christen ihre Erkenntnisse anschaulich, spannend und prägnant vermitteln können.
102						Ich fühle mich in Gruppen wohl, in denen die Christen in Zungen beten.
103						Es macht mir Freude, Menschen bei der Suche nach Problemlösungen zu helfen.
104						Mir ist es ein Problem, dass viele Christen einen so hohen Lebensstandard haben.
105						Es stört mich, wenn ich sehe, dass Gebäude, Geräte, Kleidung etc. kaputt oder schlecht in Schuss sind.
	4	3	2	1	0	

Die folgende Aussage trifft...

auf mich zu:

Nr.	sehr stark	stark	weniger stark	nur sehr schwach	gar nicht	Aussage
106						Ich bin damit zufrieden, auch solche Aufgaben auszuführen, die anderen als unattraktiv erscheinen.
107						Ich freue mich auch dann über unangemeldete Gäste, wenn meine Wohnung/mein Zimmer gerade nicht aufgeräumt ist.
108						Ich nehme Gebetsanliegen, die ich von anderen höre, sehr ernst und bete regelmäßig für sie.
109						Wenn jemand in Zungen redet, bete ich, dass ich es auslegen kann.
110						Ich beschäftige mich gern mit biblischen Zusammenhängen und ihrer Bedeutung für den Alltag.
111						In einer Gruppe ohne Leiter ergreife ich die Initiative.
112						Berichte von christlichen Märtyrern faszinieren mich.
113						Wenn ich irgendeine Not sehe, möchte ich am liebsten sofort helfen.
114						Ich bete darum, dass Gott durch mich auch heute Zeichen und Wunder tut, wie es zur Zeit der ersten Christen geschah.
115						Es ist mir sehr viel wichtiger als anderen, Einheit zwischen unterschiedlichen Gemeinden herzustellen.
116						Es bedrückt mich sehr, dass viele Christen persönlich und geistlich nur unzureichend begleitet werden.
117						Ich bete darum, dass Gott mir häufiger Botschaften für andere Christen gibt, als das bisher der Fall ist.
118						Ich merke es, wenn andere Menschen praktische Hilfe benötigen, und bin bereit, sie ihnen zu geben.
119						Es macht mich traurig, wenn in der Gemeinde wenig Wert auf die Qualität der Musik gelegt wird.
120						Es ist mir ein Anliegen, dass sich Christen ihre Umgebung schön gestalten.
	4	3	2	1	0	

Es fällt mir...*

* Wenn Sie in einigen der folgenden Bereiche noch keine Erfahrungen gemacht haben, kreuzen Sie bitte die rechte Spalte an.

	sehr leicht	leicht	weder leicht noch schwer	ziemlich schwer	sehr schwer	
121						... geschäftliche und organisatorische Projekte selbstständig abzuwickeln.
122						... Zugang zu Menschen zu finden, die einen völlig anderen Lebensstil haben als ich.
123						... auf die Gründung einer Familie zu verzichten. (Verheiratete bitte rechte Spalte ankreuzen.)
124						... zu unterscheiden, ob die Worte eines Anderen göttlichen, menschlichen oder satanischen Ursprungs sind.
125						... den richtigen Zeitpunkt zu spüren, wann ein Mensch offen für das Evangelium ist.
126						... das Gespräch mit Menschen, die ich nicht kenne, innerhalb kurzer Zeit in die Tiefe zu bringen.
127						... für Dinge zu beten und zu arbeiten, die andere Christen für unmöglich halten würden.
128						... regelmäßig einen beträchtlichen Teil meines Geldes für die Arbeit am Reich Gottes zu geben.
129						... zu merken, ob es Bereiche im Leben eines Menschen gibt, die unter dämonischem Einfluss stehen.
130						... persönlich und sehr konkret für die Heilung von Kranken zu beten.
131						... Zusammenhänge und Informationen logisch, interessant und für die Zuhörer verständlich zu vermitteln.
132						... von Gott inspirierte Worte in Form der Zungenrede an andere Christen weiterzugeben.
133						... theoretisches Wissen auf konkrete Situationen anzuwenden.
134						... auf einem materiell niedrigen Lebensstandard zu leben.
135						... technische Probleme, die normalerweise einen Handwerker erfordern, selbst zu lösen.
	4	3	2	1	0	

Es fällt mir...*

* Wenn Sie in einigen der folgenden Bereiche noch keine Erfahrungen gemacht haben, kreuzen Sie bitte die rechte Spalte an.

	sehr leicht	leicht	weder leicht noch schwer	ziemlich schwer	sehr schwer	
136						... anderen Christen Arbeit abzunehmen, damit diese besser ihren Dienst tun können.
137						... fremden Besuchern das Gefühl zu vermitteln, „zu Hause" zu sein.
138						... für bestimmte Anliegen über Wochen und Monate intensiv zu beten.
139						... zu spüren, was Gott sagen will, wenn ich eine Botschaft in Zungen höre.
140						... Fakten, die für die Gesundheit der Gemeinde wichtig sind, zu entdecken, zu formulieren und zu systematisieren.
141						... Aufgaben an andere zu delegieren.
142						... Leiden um Christi willen auf mich zu nehmen.
143						... mein Mitgefühl gegenüber Menschen in Not auszudrücken.
144						... für übernatürliche Zeichen und Wunder zu beten.
145						... Gruppen und Gemeinden im Blick auf ihre geistliche Situation zu beraten.
146						... eine Gruppe von Christen persönlich zu begleiten und für ihre Einheit zu arbeiten.
147						... Einblicke von Gott zu bekommen, was in einer bestimmten Situation sein Wille ist.
148						... Aufgaben wahrzunehmen, die von anderen als wenig attraktiv angesehen werden.
149						... ein Musikinstrument zu lernen.
150						... kreative Kommunikationsformen wie z. B. Malerei, Theater, Pantomime etc. einzusetzen.
	4	3	2	1	0	

Ich wäre...

dazu bereit,...

	außerordentlich gern	gern	gegebenenfalls	nur im Notfall	auf keinen Fall	
151						... an Schulungen teilzunehmen, die mir helfen, Fähigkeiten im Planen, Organisieren und Delegieren zu verbessern.
152						... in einer fremden Kultur zu arbeiten, wenn sich die Möglichkeit ergäbe.
153						... ledig zu bleiben, um dadurch besser für das Reich Gottes arbeiten zu können. (Verheiratete rechte Spalte ankreuzen.)
154						... viel Zeit zu verbringen, andere Menschen vor möglichen Gefahren zu warnen.
155						... an einer Schulung teilzunehmen, in der Hilfen gegeben werden, wie man Menschen zum Glauben führt.
156						... mich intensiver damit zu beschäftigen, wie ich anderen durch seelsorgerliche Gespräche helfen kann.
157						... mich auch dann auf eine Aufgabe einzulassen, wenn sie mit einem großen Risiko verbunden ist.
158						... Christen, deren Arbeit unterstützenswert ist, regelmäßig finanziell zu unterstützen.
159						... mich dem Kampf gegen dämonische Mächte zu stellen.
160						... in einem Gebetsdienst für Kranke mitzuarbeiten.
161						... mehr Literatur über Kommunikation zu lesen, um meine Fähigkeiten, anderen etwas beizubringen, zu steigern.
162						... öffentlich in Zungen zu reden, wenn Gott mir die Gabe gibt.
163						... viel Zeit einzusetzen, um andere Menschen oder Gruppen bei wichtigen Entscheidungen zu beraten.
164						... bei Bedarf auf gutes Essen, ein komfortables Zuhause und teure Kleidung zu verzichten.
165						... im Bedarfsfall bei Reparatur- bzw. Instandhaltungsarbeiten in der Gemeinde mitzuhelfen.
	4	3	2	1	0	

Ich wäre...

dazu bereit,...

Nr.	außerordentlich gern	gern	gegebenenfalls	nur im Notfall	auf keinen Fall	
166						... überbeanspruchte Christen zu entlasten, indem ich sie durch meine Mitarbeit unterstütze.
167						... mein Zuhause stärker als bisher mit Fremden zu teilen.
168						... in einer Gruppe mitzuarbeiten, die in einem kontinuierlichen Gebetsdienst für andere Menschen steht.
169						... öffentlich die Zungenrede anderer Christen auszulegen, wenn Gott mir eine Auslegung gibt.
170						... viel Zeit in die Entwicklung neuer Ideen zu investieren, die die Gemeinde Jesu Christi voran bringen.
171						... für die Leitung einer großen Zahl von Christen zuständig zu sein.
172						... mein Leben zu riskieren, wenn das für das Reich Gottes nötig wäre.
173						... in einem gemeindlichen Dienst mitzuarbeiten, der sich besonders den Benachteiligten der Gesellschaft widmet.
174						... mich im Gebet auf solche Fälle zu konzentrieren, die nach menschlichem Ermessen aussichtslos sind.
175						... bei Konflikten zwischen verschiedenen Gemeinden vermittelnd tätig zu werden.
176						... die Verantwortung für die Betreuung einer Gruppe von Christen zu übernehmen.
177						... Gemeindegliedern Botschaften von Gott zu übermitteln, auch wenn sie unbequem sind.
178						... meine Zeit für die Dinge in der Gemeinde einzusetzen, die gerade am dringlichsten anliegen.
179						... in einer gemeindlichen Musikveranstaltung mitzuwirken.
180						... in einer Gruppe mitzumachen, in der wir angeleitet werden, künstlerische Fähigkeiten zu entwickeln.
	4	3	2	1	0	

Bei .... kann ich mir...

(Name)

vorstellen,...

	sehr gut	gut	unter Umständen	kaum	gar nicht	
A						... dass es ihm/ihr viel Spaß macht, sich bei der Erledigung einer Aufgabe um organisatorische Details zu kümmern.
B						... es ihm/ihr Freude machen würde, den größten Teil seines/ihres Lebens in einer fremden Kultur zu verbringen.
C						... dass er/sie weniger Schwierigkeiten hätte, unverheiratet zu bleiben, als andere.
D						... dass er/sie besser als andere die genauen Motive erkennt, die hinter einem bestimmten Verhalten stehen.
E						... dass seine/ihre Berufung darin liegt, ganz gezielt mit Nichtchristen über den Glauben an Jesus Christus zu reden.
F						... dass sich Menschen bewusst an ihn/sie wenden, um seelsorgerliche Hilfe zu bekommen.
G						... dass er/sie gerne bereit ist, große persönliche Risiken in Kauf zu nehmen, um seine/ihre Ziele zu erreichen.
H						... dass es ihm/ihr wichtiger als den meisten engagierten Christen ist, christliche Projekte finanziell zu unterstützen.
I						... dass er/sie besser als andere unterscheiden kann, ob etwas menschlichen, satanischen oder göttlichen Ursprungs ist.
J						... dass sich andere Menschen überdurchschnittlich oft an ihn/sie wenden, um ihn/sie für ihre Heilung beten zu lassen.
K						... dass er/sie große Freude daran hat, andere Christen zu schulen.
L						... dass er/sie die Gabe des Zungenredens hat.
M						... dass es ihm/ihr leichter als anderen fällt, komplizierte Probleme anderer Menschen zu lösen.
N						... dass er/sie mit wenigen materiellen Gütern glücklicher ist als mit vielen.
O						... dass seine/ihre Hände geschickter als die der meisten Menschen sind.
	4	3	2	1	0	

Bei .... kann ich mir...

(Name)

vorstellen,...

	sehr gut	gut	unter Umständen	kaum	gar nicht	
P						... dass es ihm/ihr Spaß macht, anderen Christen zeitaufwändige Arbeit abzunehmen.
Q						... dass er/sie mit Gästen glücklicher ist als ohne.
R						... dass es ihm/ihr wesentlich mehr Freude als den meisten Christen macht, lange Zeit im Gebet zu verbringen.
S						... dass er/sie die Zungenrede eines anderen Christen auszulegen in der Lage ist.
T						... dass er/sie große Freude daran hat, sich lange Zeit zurückzuziehen, um an der Entwicklung neuer Ideen zu arbeiten.
U						... dass es sein/ihr spezieller Auftrag ist, anderen zu zeigen, wo's lang geht.
V						... dass es ihm/ihr leichter als den meisten Christen fällt, Leiden zu ertragen.
W						... dass es seine/ihre spezielle Aufgabe ist, sich mit praktischer Hilfe um Menschen in Not zu kümmern.
X						... dass Gott ihn/sie häufig benutzt, um durch ihn/sie übernatürliche Zeichen und Wunder zu vollbringen.
Y						... dass er/sie zu Rate gezogen wird, wenn es um die Einsetzung neuer Leiter in der Gemeinde geht.
Z						... dass er/sie besondere Freude daran hat, langfristig eine Gruppe von Christen persönlich zu begleiten.
AA						... dass er/sie mehr als andere Christen dazu gebraucht wird, Botschaften von Gott an die Gemeinde weiterzugeben.
BB						... dass es ihm/ihr leichter als anderen fällt, die Arbeit in der Gemeinde anzupacken, die gerade anliegt.
CC						... dass es sein/ihr besonderer Auftrag ist, Gott auf musikalische Weise zu dienen.
DD						... dass es ihm/ihr viel Spaß macht, künstlerisch tätig zu sein (z. B. Malen, Schreiben, Theater etc.).
	4	3	2	1	0	

Bei .... kann ich mir...

(Name)

vorstellen,...

	sehr gut	gut	unter Umständen	kaum	gar nicht	
a						... dass es ihm/ihr viel Spaß macht, sich bei der Erledigung einer Aufgabe um organisatorische Details zu kümmern.
b						... es ihm/ihr Freude machen würde, den größten Teil seines/ihres Lebens in einer fremden Kultur zu verbringen.
c						... dass er/sie weniger Schwierigkeiten hätte, unverheiratet zu bleiben, als andere.
d						... dass er/sie besser als andere die genauen Motive erkennt, die hinter einem bestimmten Verhalten stehen.
e						... dass seine/ihre Berufung darin liegt, ganz gezielt mit Nichtchristen über den Glauben an Jesus Christus zu reden.
f						... dass sich Menschen bewusst an ihn/sie wenden, um seelsorgerliche Hilfe zu bekommen.
g						... dass er/sie gerne bereit ist, große persönliche Risiken in Kauf zu nehmen, um seine/ihre Ziele zu erreichen.
h						... dass es ihm/ihr wichtiger als den meisten engagierten Christen ist, christliche Projekte finanziell zu unterstützen.
i						... dass er/sie besser als andere unterscheiden kann, ob etwas menschlichen, satanischen oder göttlichen Ursprungs ist.
j						... dass sich andere Menschen überdurchschnittlich oft an ihn/sie wenden, um ihn/sie für ihre Heilung beten zu lassen.
k						... dass er/sie große Freude daran hat, andere Christen zu schulen.
l						... dass er/sie die Gabe des Zungenredens hat.
m						... dass es ihm/ihr leichter als anderen fällt, komplizierte Probleme anderer Menschen zu lösen.
n						... dass er/sie mit wenigen materiellen Gütern glücklicher ist als mit vielen.
o						... dass seine/ihre Hände geschickter als die der meisten Menschen sind.
	4	3	2	1	0	

Bei .... kann ich mir...
(Name)

vorstellen,...

	sehr gut	gut	unter Umständen	kaum	gar nicht	
p						... dass es ihm/ihr Spaß macht, anderen Christen zeitaufwändige Arbeit abzunehmen.
q						... dass er/sie mit Gästen glücklicher ist als ohne.
r						... dass es ihm/ihr wesentlich mehr Freude als den meisten Christen macht, lange Zeit im Gebet zu verbringen.
s						... dass er/sie die Zungenrede eines anderen Christen auszulegen in der Lage ist.
t						... dass er/sie große Freude daran hat, sich lange Zeit zurückzuziehen, um an der Entwicklung neuer Ideen zu arbeiten.
u						... dass es sein/ihr spezieller Auftrag ist, anderen zu zeigen, wo's lang geht.
v						... dass es ihm/ihr leichter als den meisten Christen fällt, Leiden zu ertragen.
w						... dass es seine/ihre spezielle Aufgabe ist, sich mit praktischer Hilfe um Menschen in Not zu kümmern.
x						... dass Gott ihn/sie häufig benutzt, um durch ihn/sie übernatürliche Zeichen und Wunder zu vollbringen.
y						... dass er/sie zu Rate gezogen wird, wenn es um die Einsetzung neuer Leiter in der Gemeinde geht.
z						... dass er/sie besondere Freude daran hat, langfristig eine Gruppe von Christen persönlich zu begleiten.
aa						... dass er/sie mehr als andere Christen dazu gebraucht wird, Botschaften von Gott an die Gemeinde weiterzugeben.
bb						... dass es ihm/ihr leichter als anderen fällt, die Arbeit in der Gemeinde anzupacken, die gerade anliegt.
cc						... dass es sein/ihr besonderer Auftrag ist, Gott auf musikalische Weise zu dienen.
dd						... dass es ihm/ihr viel Spaß macht, künstlerisch tätig zu sein (z. B. Malen, Schreiben, Theater etc.).
	4	3	2	1	0	

So werten Sie Ihren Fragebogen aus:

Schritt 1: Trennen Sie zunächst diesen Auswertungsbogen entlang der Perforation heraus.

Schritt 2: Tragen Sie in die Kästchen der nebenstehenden Auswertungstabelle die Zahlenwerte derjenigen Spalten ein, in denen Sie auf dem Fragebogen Ihr Kreuz gemacht haben. Die Ziffern in den Kästen der Auswertungstabelle beziehen sich auf die Nummerierung der Fragen von 1-180; die Zahlenwerte, die Sie in diese Kästchen eintragen, finden Sie am unteren Ende jeder Spalte, in der Sie auf dem Fragebogen Ihr Kreuz gemacht haben.

Schritt 3: Verfahren Sie entsprechend mit den beiden gelben Bögen. Sollten Sie nur einen Fremdbeurteilungsbogen vorliegen haben, tragen Sie die Zahlenwerte dieses Bogens zweimal ein.

Schritt 4: Zählen Sie alle acht Werte jeder Zeile zusammen (also graue und weiße Spalten!) und tragen Sie die Gesamtsumme unter „Gesamt A" ein. Zählen Sie anschließend nur die drei Werte der grauen Spalten zusammen und tragen Sie das Ergebnis unter „Gesamt B" ein.

Auswertungsschritte 5-8 auf den Seite 83/84!

Auswertungstabelle

	Teil B		Teil B		Teil B			Gesamt A *Alle* Werte addieren (weiß *und* grau)!	Gesamt B Nur Werte in *3 grauen Balken* addieren!
1	31	61	91	121	151	A	a	**Organisation**	
2	32	62	92	122	152	B	b	**Missionar***	
3	33	63	93	123	153	C	c	**Ehelosigkeit**	
4	34	64	94	124	154	D	d	**Unterscheidung**	
5	35	65	95	125	155	E	e	**Evangelisation**	
6	36	66	96	126	156	F	f	**Seelsorge**	
7	37	67	97	127	157	G	g	**Glaube**	
8	38	68	98	128	158	H	h	**Geben**	
9	39	69	99	129	159	I	i	**Befreiung**	
10	40	70	100	130	160	J	j	**Heilung**	
11	41	71	101	131	161	K	k	**Lehren**	
12	42	72	102	132	162	L	l	**Zungenreden***	
13	43	73	103	133	163	M	m	**Weisheit***	
14	44	74	104	134	164	N	n	**Freiwillige Armut**	
15	45	75	105	135	165	O	o	**Handwerk**	
16	46	76	106	136	166	P	p	**Helfen**	
17	47	77	107	137	167	Q	q	**Gastfreundschaft**	
18	48	78	108	138	168	R	r	**Gebet**	
19	49	79	109	139	169	S	s	**Auslegung**	
20	50	80	110	140	170	T	t	**Erkenntnis***	
21	51	81	111	141	171	U	u	**Leitung**	
22	52	82	112	142	172	V	v	**Leidensbereitschaft**	
23	53	83	113	143	173	W	w	**Barmherzigkeit**	
24	54	84	114	144	174	X	x	**Wundertaten**	
25	55	85	115	145	175	Y	y	**Apostel***	
26	56	86	116	146	176	Z	z	**Hirtendienst***	
27	57	87	117	147	177	AA	aa	**Prophetie***	
28	58	88	118	148	178	BB	bb	**Dienen**	
29	59	89	119	149	179	CC	cc	**Musik**	
30	60	90	120	150	180	DD	dd	**Künstl. Kreativ.**	

* Beachten Sie besonderes bei den mit einem Stern gekennzeichneten Gaben die genauen Definitionen, die dem *3-Farben-Gabentest* zugrunde liegen (siehe Kapitel 5). Diese Gaben werden in christlichen Kreisen unterschiedlich verstanden.

Ihre manifesten Gaben

So machen Sie Ihre „manifesten Gaben" ausfindig:

Schritt 5: Nachdem Sie den Auswertungsbogen ausgefüllt haben, übertragen Sie alle Werte, die Sie dort unter „Gesamt A" ermitteln konnten, in die Tabelle „Ihre manifesten Gaben" (rechts). Kreuzen Sie dabei zu jeder Gabe diejenige Zahl an, die Sie auf dem Auswertungsbogen ermittelt haben. Beispiel: Wenn auf dem Auswertungsbogen bei der Gabe der Organisation unter „Gesamt A" die Summe 15 steht, kreuzen Sie in der Tabelle rechts in der Zeile „Organisation" die Zahl 15 an, usw. Sollte Ihre Zahl in der Tabelle nicht vorkommen, kreuzen Sie bitte die nächsthöhere an.

Schritt 6: Die Zahlenwerte in der Titelzeile der Tabelle (Gabenprofil-Wert) drücken aus, wie stark jede einzelne Gabe bei Ihnen ausgeprägt ist. Kreisen Sie die drei bis vier – maximal jedoch fünf – höchsten Punkte ein und schreiben Sie die Namen der entsprechenden Gaben in Box A auf Seite 85.

Gabenprofil-Wert	70	71	72	73	74	75	76	77	78	79	80	81	82	83	84	85	86	87	88	89	90	91	92	93	94	95	96	97	98	99	100	101	102	103	104	105	106	107	108	109	110	111	112	113	114	115	116	117	118	119	120	121	122	123	124	125	126	127	128	129	130
Organisation	1		2		3				4				5		6		7		8		9	10	11		12		13	14	15		16		17		18		19	20	21		22	23	24		25		26				27		28		29		30		31		32
Missionar	0								1		2			3	4		5		6		7	8			9		10	11	12		13		14	15	16		17	18	19	20	21		22	23	24		25	26	27	28	29	30			31			32			
Ehelosigkeit	0									1	2		3		4	5		6	7		8	9		10	11		12	13		14	15		16		17	18		19	20		21	22		23	24		25	26		27	28		29		30	31		32			
Unterscheidung	0				1		2		3		4	5	6		7		8		9	10	11		12	13	14		15		16		17		18		19		20		21		22		23		24				25		26				27				28	29	32
Evangelisation	2	3	4	5	6				7			8	9		10		11				12		13		14		15	16	17		18		19		20		21	22	23		24	25	26			27	28		29		30				31				32		
Seelsorge	0		1		2		3		4	5	6	7	8	9	10		11	12	13	14	15		16		17		18		19		20		21				22		23		24			25			26			27		28				29	30		31		32
Glaube	4	5	6							7					8	9	10	11			12		13		14		15		16			17		18	19		20			21		22	23		24		25		26		27	28	29			30	31		32		
Geben	0				1	2			3		4	5		6	7		8		9	10		11		12		13		14		15		16		17	18		19	20	21	22		23		24			25	26			27	28	29			30			31		32
Befreiung	0				1					2			3			4		5		6	7			8		9		10	11			12		13	14		15	16	17	18	19	20	21	22		23		24			25	26	27	28		29	30		31		32
Heilung	0						1	2		3		4	5		6	7		8		9	10		11		12	13		14	15		16		17	18		19	20		21		22	23		24	25		26		27	28		29		30	31		32				
Lehren	3		4	5		6		7		8		9		10	11		12		13		14		15		16	17		18		19		20		21		22	23		24		25		26		27		28	29		30		31		32							
Zungenreden	0							1		2		3		4		5		6		7		8		9		10		11		12		13		13		15		16		17		18			19	20	21	22	23		24	25	26	27	28	29	30		31	32	
Weisheit	0				1		2	3	4	5	7	8	9	10	11		12		13		14		15		16		17		18			19		20		21		22		23		24		25		26			27		28			29			30		31		32
Freiwillige Armut	0		1			2				3		4	5			6		7		8			9		10		11	12		13		14	15		16	17		18		19		20		21			22	23			24	25	26	27	29	30			31		32
Handwerk	1		2			3					4			5	6		7		8		9		10		11		12		13	14	15		16		17	18		19	20		21	22		23		24		25				26				27			28	29	32
Helfen	1	2	3	4		5					6	7		8	9		10		11		12		13	14		15		16		17			18		19		20		21		22		23	24		25			26		27				28		29		30	31	32
Gastfreundschaft	0				1	2		3		4	5	6	7	8		9		10	11		12		13	14	15		16	17		18		19		20		21		22		23			24		25		26			27		28		29	30		31		32		
Gebet	0	1	2		3		4			5	6		7	8		9		10		11			12	13		14		15		16		17	18		19		20	21	22		23	24	25	26		27		28		29	30		31			32					
Auslegung	0							1		2		3		4		5		6		7		8		9		10		11		12		13		14		15		16		17		18			19	20	21	22	23		24	25	26	27	28	29	30		31	32	
Erkenntnis	2			3	4	5		6		7		8		9		10	11		12		13		14		15		16	17		18		19		20		21		22		23	24		25		26		27		28		29		30	31		32					
Leitung	0				1		2	3			4		5		6	7	8		9	10		11		12	13	14	15	16		17	18	19	20	21	22		23		24		25	26		27		28			29			30								31	32
Leidensbereitschaft	1			2		3					4			5	6		7			8			9	10		11		12		13		14		15		16		17		18			19		20		21		22	23		24		25	29	30			31		32
Barmherzigkeit	1		2	3	4	5			6		7			8		9	10		11		12		13		14	15		16		17		18		19	20		21		22		23		24	25			26		27	28		29			30				31		32
Wundertaten	0								1	2		3	4		5	6		7	8		9	10		11	12		13	14		15	16		17	18		19	20		21	22		23		24	25		26	27		28	29		30	31		32					
Apostel	0							1		2	3		4		5	6		7		8	9		10		11		12	13		14		15	16		17		18	19		20		21	22		23		24	25		26		27	28		29		30		31	32	
Hirtendienst	2	3	4							5			6	7		8	9	10			11		12		13		14		15		16	17	18	19		20		21	22		23	24		25	26		27		28		29				30		31		32		
Prophetie	0			1	2		3		4	5		6		7	8		9	10		11		12		13	14		15		16	17		18		19	20		21		22	23		24		25	26		27		28	29		30		31	32						
Dienen	0	1	2				3		4	5	6	7	8		9	10	11		12		13		14		15		16		17			18	19		20		21		22		23		24	25		26				27		28		29	30		31		32		
Musik	0									1				2			3			4			5	6		7	8	9	10	11	12	13	14	15	16	17	18	19	20	21		22	23	24	25	26	27		28	29	30		31			32					
Künstler. Kreativität	0										1		2			3		4	5		6		7	8		9	10	11		12	13	14	16	17	18	19	20	21	22	23	24	25	26		27		28		29			30			31			32			

Kapitel 3: Gaben entdecken

Ihre latenten Gaben

Gabenprofil-Wert	70	71	72	73	74	75	76	77	78	79	80	81	82	83	84	85	86	87	88	89	90
Organisation	0								1			2					3				
Missionar	0																1			2	
Ehelosigkeit	0																		1		
Unterscheidung	0												1		2			3			4
Evangelisation	0								1			2			3			4		5	
Seelsorge	0								1				2		3		4			5	
Glaube	0						2			3					4					5	
Geben	0									1			2				3				4
Befreiung	0														1			2			3
Heilung	0												1				2				3
Lehren	0							1					2			3			4		
Zungenreden	0																				
Weisheit	0									1	2		3					4			
Freiwillige Armut	0															1				2	
Handwerk	0									1			2		3			4			
Helfen	0						1				2				3				4		
Gastfreundschaft	0											1		2			3			4	
Gebet	0										1				2			3			
Auslegung	0																				1
Erkenntnis	0						1				2				3			4			
Leitung	0																	1		2	
Leidensbereitschaft	0												1				2				
Barmherzigkeit	0									1				2					3		
Wundertaten	0												1				2				3
Apostel	0															1				2	
Hirtendienst	0								1			2				3			4		
Prophetie	0											1				2				3	
Dienen	0								1		2			3		4				5	
Musik	0															1			2		
Künstler. Kreativität	0												1			2				3	

Gabenprofil-Wert	91	92	93	94	95	96	97	98	99	100	101	102	103	104	105	106	107	108	109	110
Organisation	4			5				6			7				8				9	
Missionar			3				4			5			6			7		8		
Ehelosigkeit	2			3			4			5			6		7			8		
Unterscheidung				5				6					7					8		
Evangelisation			6				7					8				9				
Seelsorge			6			7					8				9					10
Glaube				6					7					8				9		
Geben					5				6					7					8	
Befreiung			4				5				6		7			8			9	
Heilung			4				5				6			7				8		
Lehren			5				6				7				8				9	
Zungenreden	1			2		3		4	5		6		7				8			9
Weisheit		5					6				7				8				9	
Freiwillige Armut			3					4						5					6	
Handwerk	5				6					7					8				9	
Helfen		5				6					7					8				
Gastfreundschaft		5				6				7			8			9				
Gebet	4			5				6			7				8			9		
Auslegung				2				3		4			5		6		7			8
Erkenntnis	5					6			7				8			9				10
Leitung		3			4			5			6		7			8			9	
Leidensbereitschaft	3				4					5					6				7	
Barmherzigkeit			4				5			6				7				8		
Wundertaten				4			5			6				7				8		
Apostel			3			4				5			6				7			
Hirtendienst	5				6				7				8				9			
Prophetie			4				5				6				7			8		
Dienen			6					7					8						9	
Musik	3		4	5			6			7			8			9			10	
Künstler. Kreativität			4			5			6			7		8			9			

Gabenprofil-Wert	111	112	113	114	115	116	117	118	119	120	121	122	123	124	125	126	127	128	128	130
Organisation			10						11							12				
Missionar	9			10				11						12						
Ehelosigkeit	9			10			11			12										
Unterscheidung		9						10						11				12		
Evangelisation	10				11						12									
Seelsorge						11								12						
Glaube				10									11						12	
Geben				9				10							11					12
Befreiung		10			11				12											
Heilung	9			10			11				12									
Lehren			10							11								12		
Zungenreden			10			11					12									
Weisheit				10						11					12					
Freiwillige Armut			7				8			9		10		11		12				
Handwerk				10					11						12					
Helfen	9						10					11				12				
Gastfreundschaft	10						11								12					
Gebet			10						11						12					
Auslegung		9		10				11					12							
Erkenntnis				11								12								
Leitung		10					11								12					
Leidensbereitschaft		8				9			10		11					12				
Barmherzigkeit		9				10		11				12								
Wundertaten	9		10				11				12									
Apostel	8			9					10				11			12				
Hirtendienst	10					11						12								
Prophetie	9				10					11					12					
Dienen				10					11			12								
Musik			11							12										
Künstler. Kreativität	10					11						12								

So machen Sie Ihre „latenten Gaben" ausfindig:

Schritt 7: Nachdem Sie die Schritte 1-6 absolviert haben, übertragen Sie nun alle Werte, die Sie auf dem Auswertungsbogen unter „Gesamt B" ermitteln konnten, in die Tabelle „Ihre latenten Gaben" (links). Kreuzen Sie dabei wiederum zu jeder Gabe diejenige Zahl an, die Sie auf dem Auswertungsbogen ermittelt haben. Sollte Ihre Zahl in der Tabelle nicht vorkommen, kreuzen Sie bitte die nächsthöhere an.

Schritt 8: Kreuzen Sie nun die drei bis fünf höchsten Punkte an, **wobei Sie die Gaben auslassen, die Sie zuvor als „manifeste Gaben" entdeckt haben**. Schreiben Sie die Namen der entsprechenden Gaben in Box B auf Seite 85.

Das Ergebnis verstehen

Tragen Sie bitte hier ein, welche Gaben Sie auf den beiden vorangegangenen Seiten als „manifest" bzw. „latent" ausfindig machen konnten:

Box A: Manifeste Gaben
1.
2.
3.
4.
5.

Box B: Latente Gaben
1.
2.
3.
4.
5.

Denken Sie daran: Dass hier Platz zum Eintragen von jeweils fünf Gaben ist, ist natürlich nicht so zu verstehen, als ob jeder Christ fünf Gaben hätte. Manche Christen haben eine geistliche Gabe, manche drei, manche fünf, manche auch mehr. Diese Aufstellung soll lediglich die Bereiche angeben, in denen Sie am ehesten Ihre geistlichen Gaben finden werden.

Manifeste Gaben

Bei den manifesten Gaben handelt es sich um solche, die Sie schon öfter eingesetzt haben und die bereits in gewisser Weise bestätigt worden sind. Es ist sehr wahrscheinlich, dass in diesem Bereich tatsächlich Ihre geistlichen Gaben liegen. Wenn Sie irgendwelche Dienste in der Gemeinde übernehmen, sollten Sie darauf achten, dass sie zu diesen Gaben passen.

Aufgaben in Ihrer Gemeinde, bei denen diese Gaben nützlich wären:

Latente Gaben

Die als „latent" bezeichneten Gaben sind solche, mit denen Sie als nächstes experimentieren sollten. Nur so können Sie herausfinden, ob einige davon tatsächlich zu Ihren geistlichen Gaben gehören. Also: Wenn sich eine Möglichkeit bietet, Aufgaben zu übernehmen, in denen diese Gaben gefordert sind – lassen Sie sich darauf ein!

Aufgaben in Ihrer Gemeinde, bei denen diese Gaben nützlich wären:

Ihre Gedanken:

- *Wenn Ihnen nicht klar sein sollte, welche Aufgaben es in Ihrer Gemeinde genau gibt, mit wem könnten Sie sich in Verbindung setzen, der Ihnen an dieser Stelle weiterhilft?*

Kapitel 4: Gaben einsetzen 4

Wie Sie mit Gaben umzugehen lernen

Nun ist etwas Entscheidendes geschehen: Sie haben Ihre geistlichen Gaben ausfindig gemacht. Zumindest wissen Sie, in welchen Bereichen Gott Sie aller Wahrscheinlichkeit nach begabt hat. Allerdings: Das Entdecken von Gaben ist kein Selbstzweck. Es zeigt Ihnen, an welcher Stelle Gott Sie berufen hat – und nun auch Ihren Einsatz erwartet. Die Frage ist also: Wie können die geistlichen Gaben so eingesetzt werden, dass es dem Aufbau der Gemeinde dient?

Kapitel 4: Gaben einsetzen

Die 3-Farben-Gemeinde

Gottes Plan ist nicht, dass jeder Christ – für sich allein – Gottes Fülle widerpiegelt. Jeder von uns ist lediglich ein *Glied* am Leib Christi, und wir *müssen* unterschiedlich sein, um einander ergänzen zu können. Aber es *ist* Gottes Plan, dass der Leib Christi als Ganzer seine Fülle widerspiegelt. Wenn eine bestimmte Farbe in der Gemeinde fehlt, ist das ein Hinweis, dass etwas aus dem Gleichgewicht geraten ist. Sollten Ihre eigenen Gaben z. B. ausschließlich im roten Bereich liegen, bedeutet das keineswegs, dass Ihr Leben nicht im Gleichgewicht ist. Es kann sein, dass ein solches Gabenprofil exakt Gottes Willen für Sie widerpiegelt. Wenn jedoch in Ihrer Gemeinde eine bestimmte Farbe fehlt, ist das etwas Anderes. Indem Sie herausfinden, welche Gaben in Ihrer Gemeinde vorherrschen, können Sie zukünftige Wachstumsbereiche erkennen.

Indem Sie herausfinden, welche Gaben in Ihrer Gemeinde vorherrschen, können Sie zukünftige Wachstumsbereiche erkennen.

Die „Farb-Kombination" Ihrer Gemeinde

Wissen Sie bereits, in welchen der drei Farb-Bereiche Ihre Gemeinde stark ist? Es ist möglich, dass verschiedene Gemeindeglieder im Blick auf diese Frage unterschiedliche Meinungen haben. Wir sollten allerdings Meinungen nicht mit der Wirklichkeit verwechseln. Welche Farben spiegelt Ihre Gemeinde *wirklich* wider? Der beste Weg, verlässliche Informationen darüber zu bekommen, besteht darin, die Ergebnisse des *3-Farben-Gabentests* aus der ganzen Gemeinde auszuwerten. Wenn Sie diese Ergebnisse vorliegen haben, ist es relativ einfach festzustellen, welche Farben vorherrschen und welche als Anlass für zukünftige Wachstumspläne genommen werden sollten. Ich habe diese Übung in verschiedenen Gemeinden durchgeführt und dabei erlebt, dass die Ergebnisse für viele Gemeindeglieder überraschend sind.

Die Zahl der Gaben, die in jedem der drei Farb-Bereiche erscheinen, ist natürlich nur einer von vielen Hinweisen, welche Farben in Ihrer Gemeinde besonders ausgeprägt sind. Weitere Aufschlüsse lassen sich durch eine Auswertung des *Farb-Kompasses* auf Gemeinde-Ebene gewinnen (Seiten 34-37). Und wieder andere Hinweise sind durch eine Analyse der gemeindlichen Werte, ihres Frömmigkeitsstils etc. zu erhalten. Eine Analyse der Gaben-Verteilung im Blick auf die drei Farben ist freilich eine der objektivsten Wege, den Ausgangspunkt Ihrer Gemeinde zu bestimmen. Wie ich auf den Seiten 52-53 dieses Buches zu zeigen versucht habe, ist es ganz natürlich, dass in einer Gemeinde, die sich besonders auf einen Farb-Bereich konzentriert, die Gemeindeglieder auch mit größerer Wahrscheinlichkeit ihre Gaben in diesem Bereich entdecken. Deshalb kann die Analyse der Gaben-Verteilung ein Mittel sein, die Auswirkungen der gemeindlichen Lehre zu überprüfen.

Ihre Gedanken:

- *Wenn Ihre Gemeinde den 3-Farben-Gabentest gemacht hat: Welche Farben herrschen vor? Ist dies ein Ergebnis, das Sie erwartet hätten?*

Wachstumsprozesse in Ihrer Gemeinde

Wenn wir erst einmal wissen, wo wir uns genau befinden, können wir festlegen, wohin die Reise gehen soll. Gehen wir einmal davon aus, Ihre Gemeinde sei besonders stark in einer (oder auch zwei) der drei Farben. Zukünftiges Wachstum bedeutet nun keineswegs, dass Sie diesen Bereich Ihrer Stärke(n) zu verlassen hätten. Es geht vielmehr darum, dem gemeindlichen Leben neue Dimensionen hinzuzufügen, so dass Ihre Gemeinde besser als bisher das Wesen des dreieinigen Gottes reflektieren kann.

Manche Christen haben Angst vor dieser Art von Wachstumsprozessen, da sie dies einfach nicht gewohnt sind. Das Unbekannte kann in jedem von uns eines von zwei Gefühlen erzeugen: Furcht oder Neugierde. Da es hier um nichts weniger als um die Frage geht, wie wir Gottes Wesen besser als bisher in unserem Leben widerspiegeln können, ist meine Hoffnung und mein Gebet, dass das Gefühl der Neugierde jede Form von Furcht übersteigt.

Schlechte Erfahrungen mit anderen Gruppen

Auf dem Weg zu diesen Wachstumsprozessen gibt es ein großes Hindernis, das ich hier unbedingt erwähnen muss. Fast jeder Christ hat in seinem Leben bereits mit christlichen Gruppen aus anderen Traditionen Erfahrungen gemacht, und nicht alle dieser Erfahrungen waren positiver Art. In meinen Seminaren habe ich folgende Erfahrung gemacht: Solange ich mich darauf beschränke, über den dreieinigen Gott zu lehren, über die dreifache Offenbarung und über praktische Wege, wie wir die drei Farben in unserem Leben reflektieren können, stimmt fast jeder zu. Aber sobald ich ausdrücklich auf bestimmte christliche Gruppen Bezug nehme (wie zum Beispiel Evangelikale, Charismatiker oder Liberale), spüre ich Gefühle von Furcht und Ablehnung unter den Seminarteilnehmern. Dann höre ich Reaktionen wie diese:

- „Wenn ein tieferes Eindringen in das blaue Farb-Segment bedeutet, so zu werden wie diese oder jene charismatische Gemeinde, dann sind wir definitiv nicht daran interessiert."
- „Wir haben bereits genügend Erfahrungen gemacht mit evangelikalen Gemeinden in unserer Umgebung, die die rote Farbe so sehr betonen, um zu wissen, dass das für uns ganz sicher nicht der richtige Weg ist."
- „Du kannst nur deshalb so unschuldig-naiv über das grüne Farb-Segment reden, weil du noch nie die verheerenden Konsequenzen liberaler Theologie am eigenen Leibe erfahren hast."

Nur wenn wir wissen, wo wir uns genau befinden, können wir festlegen, wohin die Reise gehen soll.

Können Sie erkennen, was sich hier abspielt? Anstatt auf den dreieinigen Gott zu schauen und zu fragen: „Wie können wir seine Fülle besser als bisher in unserer Gemeinde widerspiegeln?", schauen wir auf verschiedene Gemeinden, sehen ihre Begrenzungen und kommen dann, völlig verständlich, zu dem Schluss: „Das ist für uns nicht das Richtige." Wenn wir den Prozess mit derartigen negativen Wahrnehmungen beginnen, wird uns das daran hindern, selber neue und aufregende Erfahrungen mit Gott zu machen. Dies ist nach meiner Überzeugung eine der großen Tragödien der Christenheit.

Wir können geistliche Gaben nicht „machen", wohl aber können wir ein Klima schaffen, in dem bestimmte Gaben gedeihen.

Auf Gott konzentrieren, nicht auf Menschen!

Wenn Sie mit Begriffen wie „charismatisch", „evangelikal" oder „liberal" vor allem negative Gefühle verbinden, dann ist mein Rat, diese Namen völlig zu vergessen. Sie müssen nicht „charismatisch" werden (in der gleichen Weise wie einige wilde, ziemlich arrogante Gruppen, die Sie kennen), um die Farbe blau zu reflektieren. Sie müssen nicht „evangelikal" werden (in der gleichen Weise wie einige engstirnige, gesetzliche Gemeinden, mit denen Sie zu tun haben), um die Farbe rot zu reflektieren. Und Sie müssen auch nicht „liberal" werden (in der gleichen Weise wie einige völlig synkretistische Gruppen, bei denen Sie nicht sicher sind, was an ihnen überhaupt noch christlich sein soll), um die Farbe grün zu reflektieren. Es geht nicht darum, andere Gruppen zu imitieren, sondern von verschiedenen Dimensionen des Wesens Gottes zu lernen und darüber nachzudenken, was dies für das Leben Ihrer Gemeinde bedeuten könnte.

Mein Rat ist schlicht dieser: Wenn Sie über zukünftige Wachstumsbereiche Ihrer Gemeinde nachdenken, dann beginnen Sie diesen Prozess besser nicht damit, dass Sie über andere christliche Gruppen nachdenken. Beginnen Sie vielmehr damit, dass Sie über das Wesen des dreieinigen Gottes meditieren! Wenn Sie diesem Rat folgen, werden Sie wahrscheinlich erleben, dass die drei Farben eine völlig neue Bedeutung für Sie bekommen.

Das geistliche Klima

Gehen wir einmal davon aus, Sie stimmen dem allen zu. Gehen wir weiterhin davon aus, dass Sie bereits herausgefunden haben, welche Farbe in Ihrer Gemeinde am stärksten vertreten ist. Und gehen wir auch noch davon aus, dass Sie die Entscheidung getroffen haben, in den noch unterentwickelten Farb-Bereichen Wachstum zu erleben. Was machen Sie dann? Wenn Gaben eines bestimmten Farb-Bereichs in Ihrer Gemeinde fehlen (oder stark unterentwickelt sind), können Sie diese natürlich nicht einfach „hinzufügen", denn Sie sind nicht Gott. Wir können geistliche Gaben nicht „machen", wohl aber können wir ein Klima schaffen, in dem bestimmte Gaben gedeihen.

Ihre Gedanken:

- *Schreiben Sie verschiedene Möglichkeiten auf, wie Ihre Gemeinde in denjenigen Farb-Bereichen, die unterentwickelt scheinen, Wachstum erleben kann.*

Die Aufgaben-Beschreibung

Wann immer Sie eine Gabe entdecken – sei es im grünen, roten oder blauen Bereich –, müssen Sie sie auch einsetzen. Das aber heißt: Sie müssen sie auf vorhandene Bedürfnisse beziehen. Für jede Gabe lassen sich eine Vielzahl von Einsatzmöglichkeiten finden. Machen Sie ausfindig, an welcher Stelle Ihr Dienst am dringendsten gebraucht wird.

Ich kann mich nur wundern, wie wenig der einfache Grundsatz, dass Gaben und Aufgaben zusammenpassen müssen, in der Kirche beherzigt wird. Mir ist nicht bekannt, dass zum Beispiel bei kirchlichen Leitungspositionen konsequent nach den geistlichen Gaben der Kandidaten gefragt würde. Ganz andere Erwägungen bestimmen solche Wahlen. So ist es kein Wunder, dass viele Stellen von den falschen Leuten besetzt werden – von Menschen, die Gott einfach nicht für diese Position vorgesehen hat.

Gaben und Aufgaben müssen zusammenpassen

Um sicherzustellen, dass Gaben und Aufgaben in der Gemeinde zusammenpassen, ist es sinnvoll, für jede Aufgabe eine konkrete „Aufgaben-Beschreibung" zu entwickeln. Was sich dahinter verbirgt? Ganz einfach: Auf einem Blatt Papier wird präzise festgelegt, was zu jeder Aufgabe, die es in der Gemeinde gibt (oder in Zukunft geben soll), gehört. Eine solche Sammlung von Aufgaben-Beschreibungen macht es einem Interessenten leicht, auf den ersten Blick zu sehen, was von ihm erwartet wird, welche Aktivitäten voraussichtlich wie viel Zeit in Anspruch nehmen werden, welche Gaben und Fähigkeiten erwünscht sind und welche Art von Schulung notwendig ist.

Machen Sie ausfindig, an welcher Stelle der Einsatz Ihrer Gabe am dringendsten gebraucht wird.

Was in einer Aufgaben-Beschreibung geklärt werden sollte

Folgende Punkte sollten in jeder Aufgaben-Beschreibung klar definiert werden:

- *Was genau zu tun ist:* Jede Aufgabe setzt sich aus bestimmten Teilaufgaben zusammen. Es ist wichtig, dass Sie sich über alle Einzelheiten, die zu einer Aufgabe gehören, Klarheit verschaffen. Und: Achten Sie darauf, dass die Verantwortlichkeiten, für die Sie zuständig sind, nicht ohne klare Absprache erweitert werden.
- *Nötige Schulungen:* Welche Art von Schulung ist notwendig bzw. erwünscht, um diese Aufgabe effektiv auszuführen? Wer sorgt für dieses Training? Wann?
- *Erwünschte geistliche Gaben:* Welche geistliche(n) Gabe(n) wäre(n) wünschenswert, um die Aufgabe auszuführen? Beantworten Sie diese Frage für jeden Teilbereich, der zu der betreffenden Aufgabe gehört.
- *Erwünschte Fähigkeiten:* Welche sonstigen Fähigkeiten sind für die Aufgabe sinnvoll? Welche Interessen? Welche Erfahrungen? Auch diese Angaben sollten für jeden Teilbereich, der zu der Aufgabe gehört, gemacht werden.
- *Ansprechpartner:* Wenn eine Frage oder ein Problem auftaucht, an wen können Sie sich wenden? Wann? In welcher Form?

- *Dauer der Aufgabe:* Oft wird der Fehler gemacht, Aufgaben in der Gemeinde unbefristet zu vergeben. Es ist aber viel sinnvoller, eine Aufgabe zunächst für einen klar umrissenen Zeitraum zu übernehmen, um dann mit der zuständigen Kontaktperson darüber zu reden, ob ein weiteres Engagement an dieser Stelle sinnvoll ist. Deshalb: Legen Sie Wert darauf, dass jede Aufgabe, die Sie übernehmen, von vornherein zeitlich eingegrenzt wird.

Ihre Gedanken:

- *Welche Aufgaben kommen für die Gaben in Frage, die Sie bei sich entdeckt haben? Beantworten Sie diese Frage für jede der Gaben, die Sie bei sich als „manifest" und „latent" entdecken konnten:*

Manifeste Gaben: **Mögliche Aufgaben:**

Latente Gaben: **Mögliche Aufgaben:**

- *Entwickeln Sie nun für jede der Aufgaben, die Sie in der Gemeinde wahrnehmen (oder in Zukunft wahrnehmen wollen), eine Aufgabenbeschreibung. Das folgende Muster zeigt Ihnen, dass das gar nicht so schwierig ist. Ein entsprechendes Arbeitsblatt finden Sie auf Seite 155. Und vergessen Sie nicht, diese Aufgabenbeschreibung mit der für Sie zuständigen Kontaktperson abzusprechen!*

Beispiel für eine Aufgaben-Beschreibung

Kapitel 4: Gaben einsetzen

Aufgabe	Datum
Leitung eines evangelistischen Hauskreises	27. März 2001

Ziele
Neue erreichen; zum Glauben führen; in Gemeinde integrieren;
innerhalb von 9 Monaten Gruppe teilen

Teil-Aufgaben
Auf der Basis der „Alpha-Kurse" ein geeignetes Konzept erarbeiten (gemeinsam mit
Hauskreis-Koordinator); Leitungsteam aufbauen und schulen;
Co-Leiter anlernen

Bezugspersonen	
Verantwortlich für:	Hauskreis-Mitglieder und Leitungsteam
Verantwortlich gegenüber:	Hauskreis-Koordinator und Pastor
Zusammenarbeit mit:	Ressortleiter „Evangelisation"

Geistliche Gaben	Fähigkeiten/Interessen
Evangelisation	positive Ausstrahlung
Hirtendienst bzw. Leitung	gerne mit Menschen arbeiten
evtl. Lehren	

Zeitlicher Aufwand	Dauer der Aufgabe
ca. 8 Stunden pro Woche	1 Jahr

Schulungen
14-tägige Leiterschulung besuchen; Teilnahme an den Kursen
„Die 3 Farben der Evangelisation 1 + 2"; zwei Modell-Gemeinden besuchen

Bemerkungen

Kapitel 4: Gaben einsetzen

Vom Missbrauch geistlicher Gaben

Nach dem Neuen Testament soll jede geistliche Gabe zum Aufbau des Leibes Christi dienen (vgl. 1. Kor. 14,12). Leider ist dieses Kriterium nicht immer berücksichtigt worden, so dass es unzählige Beispiele für den Missbrauch geistlicher Gaben gibt.

Ausnahmslos jede Gabe kann missbraucht werden, wenn sie nicht für den Gemeindeaufbau eingesetzt wird.

Ausnahmslos jede Gabe kann missbraucht werden, wenn sie nicht für den Gemeindeaufbau eingesetzt wird. Das spricht übrigens nicht gegen die entsprechende Gabe, es spricht lediglich gegen den falschen Umgang mit ihr. Denn umgekehrt gilt: Ausnahmslos jede Gabe kann für den Gemeindeaufbau nützlich sein.

Missbrauch von Geistesgaben verhindern wir nicht dadurch, dass wir bestimmte Gaben verbieten. Missbrauch ist nur so zu verhindern, dass Wege gezeigt werden, wie ein bestimmte Gabe zum Aufbau des Leibes Christi eingesetzt werden kann.

Ihre Gedanken:

• *Nicht jede gemeindliche Aktivität trägt dazu bei, dass Gemeinde Jesu Christi gebaut wird. Sie sollten sich aber auf solche Aufgaben konzentrieren, die dieses Kriterium erfüllen. Tragen Sie hier ein, wie die Gaben, die Sie bei sich entdeckt haben, dazu beitragen können, dass Gemeinde Jesu Christi Gestalt gewinnt und wächst.*

Gabe	**Nutzen für den Gemeindeaufbau**
____________	______________________________
____________	______________________________
____________	______________________________
____________	______________________________
____________	______________________________

Gaben müssen trainiert werden

Kapitel 4:
Gaben einsetzen

Wenn Gott Ihnen eine bestimmte Gabe gegeben hat, dann heißt das keineswegs, dass es auf diesem Gebiet nichts zu verbessern gäbe. Im Gegenteil: Sie sollten viel Mühe darauf verwenden, dass diese Gabe nun auch trainiert wird (vgl. 2. Tim. 1,6). Nehmen Sie an Schulungen teil, die Ihnen weiterhelfen. Sammeln Sie weitere Erfahrungen. Stellen Sie sich der Kritik anderer Christen. Und lassen Sie Gott kontinuierlich an sich arbeiten.

Seitdem ich weiß, dass mir Gott die Gabe des Lehrens gegeben hat, investiere ich viel Zeit, um diese Gabe zu trainieren. Ich bin mir bewusst, dass ich auf diesem Gebiet noch viel zu lernen habe. Besonders gerne besuche ich Veranstaltungen von Christen, denen Gott diese Gabe in einem größeren Ausmaß als mir selbst geschenkt hat, denn von ihnen kann ich besonders viel lernen. Regelmäßig nehme ich an weiteren Schulungen teil. Ich freue mich über Menschen, die meine Arbeit kritisch begleiten. Ich bitte Gott, dass er mir ständig neue Erkenntnisse schenkt und mich immer mehr befähigt, anderen Menschen geistlich wichtige Zusammenhänge begreifbar zu machen. Und ich rechne fest damit, dass ich in zehn Jahren meine Gabe sehr viel besser ausüben kann, als ich heute dazu in der Lage bin.

Sie sollten sich viel Mühe geben, die einmal entdeckten Gaben zu trainieren.

Ihre Gedanken:

- *Nennen Sie hier Wege, wie Sie die Gaben, die Sie bei sich entdeckt haben, trainieren können. Wenn Sie Schwierigkeiten haben, selber solche Möglichkeiten ausfindig zu machen, dann besprechen Sie die Frage mit einem Verantwortlichen in der Gemeinde. Lesen Sie auch die Anregungen, die in Kapitel 5 dieses Buches zu jeder Gabe gegeben werden. Und schreiben Sie auf, was Sie konkret innerhalb des nächsten Monats tun wollen, um eine Ihrer Gaben zu trainieren!*

Gabe	**Möglichkeiten zum Trainieren**
______________	______________________________
______________	______________________________
______________	______________________________
______________	______________________________
______________	______________________________

Kapitel 4: Gaben einsetzen

Bleiben Sie offen für weitere Gaben

Sie sollten das Entdecken Ihrer geistlichen Gaben nicht als eine Prozedur verstehen, die einmal – und dann für alle Zeiten – abgeschlossen wäre. Vielleicht gefällt es Gott, Ihnen eines Tages ganz neue Gaben zu schenken, von denen Sie heute noch gar nichts wissen.

Vielleicht gefällt es Gott, Ihnen eines Tages Gaben zu schenken, von denen Sie heute noch gar nichts wissen.

Manche Theologen vertreten die Ansicht, schon bei der Wiedergeburt würden einem Christen alle Gaben gegeben – später ginge es nur darum, diese zu „entdecken". Andere betonen, dass Gott uns auch später neue Gaben schenken kann, die wir vorher noch nicht hatten. Es ginge also nicht darum, Gaben zu entdecken, sondern sie zu „empfangen". Ich halte diese Streitfrage für wenig interessant. Ob neu entdeckt oder neu geschenkt – wichtig ist, dass wir unsere einmal erkannten Gaben nicht als statischen Besitz verstehen, an dem nichts mehr zu ändern ist, sondern offen bleiben für neue Gaben.

Um Gaben „eifern"

Paulus ermahnt die Christen sogar, um Gaben zu „eifern" (1. Kor. 12,31; 14,1). Eine Gemeinde kann in Situationen kommen, in denen sie merkt, dass ihre vorhandenen Gaben nicht ausreichen. Dann kann sie Gott bitten, dass er den vorhandenen Mitarbeitern neue Gaben schenkt – oder aber neue Mitarbeiter schickt, die diese Gaben mitbringen.

Ihre Gedanken:

- *Im 3-Farben-Gabentest konnten Sie einige Gaben als „latente Gaben" ausfindig machen. Es spricht einiges dafür, dass Gott Ihnen in diesem Bereich als nächstes neue Gaben zeigen wird. Sie sollten also bewusst diese Gaben im Auge behalten und hin und wieder mit ihnen experimentieren.*

- *Gaben sind nicht statisch. Deshalb ist es sinnvoll, den 3-Farben-Gabentest von Zeit zu Zeit zu wiederholen. Das gilt besonders dann, wenn Sie zwischenzeitlich durch Phasen gehen, in denen Gott viel an Ihnen arbeitet. Schreiben Sie hier auf, wann Sie den 3-Farben-Gabentest ein zweites Mal durchführen wollen:*

Die Gefahr der Gaben-Projektion

Kapitel 4: Gaben einsetzen

Jeder Christ neigt dazu, die Gaben, die er selber hat, auf andere zu „projizieren". Menschen, die zum Beispiel die Gabe der Gastfreundschaft haben, können bisweilen nicht verstehen, wieso sich andere – wie zum Beispiel ich – an dieser Stelle so schwer tun. Sie sagen: „Es ist doch so einfach." Damit haben sie zweifellos Recht: Gastfreundschaft zu üben ist einfach – für sie. Sie können sich nicht vorstellen, was für eine Anstrengung das für einen Menschen sein kann, dem Gott diese Gabe nicht gegeben hat!

Besonders häufig ist das Phänomen der Gabenprojektion anzutreffen, wenn es um Evangelisation geht. Viele Christen, die diese Gabe haben, streiten rundweg ab, dass dies ein besonderes Charisma ist, das Gott nur wenigen gegeben hat. Sie sagen: „Mir hat Gott keine besondere Gabe gegeben, sondern ich tue nur das, was jeder Christ tun sollte." So machen Sie anderen Menschen, die diese Gabe nicht haben, ein schlechtes Gewissen.

Vorsicht, Falle!

Die Wahrheit ist: Es stimmt nicht, dass jeder Christ in der Weise evangelistisch tätig sein könnte, wie sie es sind. Sie können es, weil sie die entsprechende Gabe haben – andere können es nicht, weil Gott ihnen andere Gaben gegeben hat.

Jeder neigt dazu, seine eigenen Gaben auf andere Christen zu projizieren.

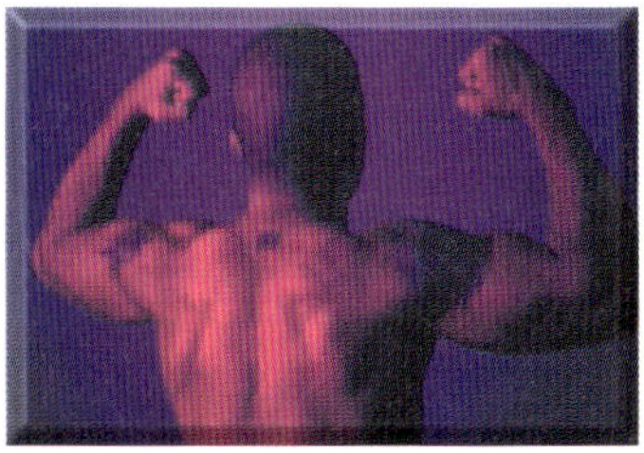

Ihre Gedanken:

- *Wie jeder Christ, so werden auch Sie dazu neigen, Ihre Gaben auf andere Menschen zu projizieren. Schreiben Sie hier zu jeder Ihrer Gaben stichwortartig Situationen auf, in denen Sie von anderen erwartet haben, sich in einer Weise zu verhalten, wie es nur von jemandem erwartet werden kann, der die entsprechende Gabe hat:*

Kapitel 4: Gaben einsetzen

Gaben und das Lust-und-Laune-Prinzip

Nach einer Veranstaltung, in der ich über geistliche Gaben sprach, sagte mir ein Pastor: „Hören Sie auf mit dieser Gabenideologie! Ich habe das in meiner Gemeinde einige Zeit lang versucht. Das Ergebnis war katastrophal. Wenn es darum geht, einen unbequemen Dienst wahrzunehmen, höre ich jetzt immer: Dafür habe ich nicht die Gabe. Jeder macht nur noch das, was er will." Anstatt ihre christlichen Universalrollen zu praktizieren (indem sie den Zehnten geben, das Evangelium bezeugen, den Armen dienen oder für soziale Gerechtigkeit arbeiten), entschuldigten diese Leute ihre Inaktivität mit dem Hinweis darauf, einfach nicht die erforderlichen geistlichen Gaben zu besitzen.

Nach geistlichen Gaben zu fragen heißt nicht, das zu tun, was uns am besten in den Kram passt.

Nach geistlichen Gaben zu fragen – das bedeutet nun gerade nicht, immer nur das zu tun, was einem am besten in den Kram passt. Es bedeutet vielmehr, Gott bestimmen zu lassen, wozu er uns einsetzen möchte. Wie konnte es geschehen, dass diese Lehre derartig missverstanden wurde?

Die Gefahr der Selbstrechtfertigung

Ich vermute, es hat damit zu tun, dass wir alle dazu neigen, uns das Leben so bequem wie möglich machen zu wollen. Und so werden alle Theorien aufgegriffen, die ein solches Leben irgendwie zu rechtfertigen scheinen. Da kann es durchaus passieren, dass die Lehre von den geistlichen Gaben für diesen Zweck eingespannt wird. Was macht es da schon, wenn sie dafür kräftig umgebogen werden muss?

Wo immer die Lehre von den geistlichen Gaben als ein Lust-und-Laune-Prinzip verstanden wird, ist das Phänomen der Selbstrechtfertigung mit Händen zu greifen.

Ihre Gedanken:

- *Schauen Sie sich nun alle Gaben an, die Sie bei sich nicht entdecken konnten (nehmen Sie dazu noch einmal die Gabenliste auf Seite 99 zur Hand). Denken Sie daran: Zu jeder dieser Gaben gehört die entsprechende „christliche Universalrolle" (siehe Seite 48). Diesen Universalrollen dürfen Sie sich nicht entziehen. Schreiben Sie auf, bei welchen Universalrollen Sie die größten Schwierigkeiten haben.*

- *Was können Sie tun, um in diesen Bereichen nicht der Gefahr der Selbstrechtfertigung zu erliegen?*

Kapitel 5: 30 geistliche Gaben 5

Hintergründe, Definitionen, praktische Tipps

Bitte geben Sie hier an, welche der folgenden Gaben Sie als Ihre

☒ *„manifesten" oder*

☐ ? *„latenten" Gaben*

ausfindig machen konnten. Dann beschäftigen Sie sich mit den Erklärungen zu Ihren jeweiligen Gaben.

So können Sie die einzelnen Gaben studieren

Dieses Kapitel wird Ihnen helfen, die einzelnen geistlichen Gaben genauer zu studieren. Schlagen Sie zunächst diejenigen Gaben nach, die Sie bei sich selbst entdecken konnten. Jede Gabe wird nach folgendem Schema behandelt:

Kategorie

Jede Gabe gehört zu einer der drei Kategorien, die in diesem Buch beschrieben werden. Das bedeutet nicht, dass diese Gabe *ausschließlich* die Farbe dieser Kategorie widerspiegelt; aber eine der drei Farben scheint doch zu dominieren, während die anderen in den Hintergrund treten. Auch wenn eine bestimmte Gaben primär einem bestimmten Farbbereich zuzuordnen ist, sollten wir uns darum bemühen, sie in einer „dreifarbigen" Weise zu praktizieren. Nehmen wir zum Beispiel an, eine Ihrer geistlichen Gaben sei künstlerische Kreativität (grüner Farb-Bereich). Wie können Sie diese primär „grüne" Gabe in einer dreifarbigen Weise praktizieren? Sie sollten sich bemühen, Ihr künstlerisches Handwerk zu vervollkommnen (Wachstum in Weisheit), sollten nach Wegen suchen, diese Gabe für das Reich Gottes nutzbar zu machen (Wachstum im Engagement) und schließlich Gott bitten, Ihre Bemühungen zu seiner Ehre zu gebrauchen (Wachstum in Vollmacht).

Die Definitionen der einzelnen Gaben sind nicht *die* Wahrheit, sondern sollen lediglich Licht auf die Wahrheit werfen.

Definition

Hier finden Sie die Definitionen der einzelnen Gaben, die dem *3-Farben-Gabentest* zugrunde liegen. Es ist wichtig, dass sie diese bewusst zur Kenntnis nehmen, da in verschiedenen Kreisen einzelne Gaben unterschiedlich verstanden werden. Sollten Ihre eigenen Ansichten von den hier verwendeten Definitionen abweichen, dann lassen Sie sich davon nicht allzu sehr stören. Sie brauchen nicht unsere Definitionen zu akzeptieren, um Ihre Gaben herausfinden und einsetzen zu können. Die Definitionen sind nicht *die* Wahrheit, sondern sollen lediglich etwas mehr Licht auf die Wahrheit werfen. Betrachten Sie sie einfach als Arbeitshilfen. Sie gehen weitgehend auf das Verständnis von Geistesgaben zurück, das C. Peter Wagner in seinem großartigen Buch „Die Gaben des Geistes für den Gemeindeaufbau" (Aussaat-Verlag, Neukirchen-Vluyn) vertritt.

Bibelstellen

Die Bibelstellen helfen Ihnen, die Gaben anhand von biblischen Beispielen gründlicher zu studieren. Sie dienen gleichzeitig als Gesprächsgrundlage für die Arbeit in Kleingruppen wie zum Beispiel Haus- und Bibelkreisen. Beachten Sie bitte: Nicht jede Bibelstelle geht ausdrücklich auf eine geistliche Gabe ein (manchmal wird zum Beispiel die entsprechende „christliche Universalrolle" thematisiert); aber immer sind es Themen, die im Zusammenhang mit der jeweiligen Gabe von Bedeutung sind. Die **fett gedruckten** Bibelstellen eignen sich besonders gut zur Besprechung in Gruppen.

Mögliche Aufgaben

Hier finden Sie eine Zusammenstellung von gemeindlichen Aufgaben, die zu der jeweiligen Gabe passen. Beachten Sie dabei bitte: Für manche Aufgaben ist mehr als nur eine Gabe erforderlich, ohne dass dies an dieser Stelle vermerkt ist. Wenn Sie sich noch nicht sicher sind, ob Sie eine bestimmte Gabe haben oder nicht – etwa bei den „latenten Gaben" –, dann sollten Sie versuchen, einmal für einen gewissen Zeitraum eine dieser Aufgaben wahrzunehmen, um weitere Erfahrungen zu sammeln. Wenn Sie bei sich eine bestimmte Gabe entdeckt haben („manifeste Gabe"), dann prüfen Sie anhand dieser Liste, ob Sie eine der angesprochenen Aufgaben wahrnehmen können. Und: Ergänzen Sie die Liste durch weitere Aufgaben, die Ihrer Ansicht nach für Menschen mit dieser Gabe in Frage kommen.

Gefahren

In jeder Gabe liegen auch bestimmte Gefahren. Wer sich ihrer bewusst ist, wird ihnen zwar nicht grundsätzlich aus dem Wege gehen können, aber zumindest kann er Maßnahmen ergreifen, um sich etwas besser vor ihnen zu schützen. Lesen Sie diesen Abschnitt also besonders gründlich bei Gaben, die Sie bei sich selbst als „manifest" ausfindig gemacht haben. Und lesen Sie ihn immer wieder!

Tipps zum Trainieren der Gabe

Diese Tipps sind in erster Linie für Christen gedacht, die die entsprechende Gabe bei sich entdeckt haben. Aber auch für diejenigen von uns, die diese Gabe nicht haben, können die Hinweise von Belang sein. Sie werden ihnen helfen, bei der Ausübung der entsprechenden christlichen Universalrolle (siehe Seite 48) effektiver zu werden.

Fragen

Zu jeder Gabe habe ich zwei Fragen formuliert, die Ihr weiteres Nachdenken stimulieren sollen. Sie haben Platz, um sich stichwortartig Ihre Antworten aufzuschreiben. Die Fragen sind so formuliert, dass sie sich gut als Gesprächseinstieg für die Arbeit in Gruppen eignen.

In jeder Gabe liegen bestimmte Gefahren. Wer sich ihrer bewusst ist, wird ihnen zwar nicht völlig aus dem Wege gehen können, aber zumindest kann er Maßnahmen ergreifen, um sich vor ihnen zu schützen.

Kategorie 1: der grüne Farb-Bereich

Die im grünen Farb-Bereich aufgeführten Gaben beziehen sich primär – wenn auch nicht ausschließlich – auf die Schöpfungsoffenbarung. Das ist der Hauptgrund, warum Gaben dieser Kategorie häufig auch außerhalb des christlichen Kontextes anzutreffen sind. Sie werden jedoch in dem Moment zu „geistlichen" Gaben, wo wir sie für das Reich Gottes einsetzen.

Die im grünen Farb-Bereich aufgeführten Gaben beziehen sich primär auf die Schöpfungsoffenbarung.

*• Eine Untergruppe dieser Gabenkategorie bezieht sich auf **soziales Engagement** (zum Beispiel für unterprivilegierte Menschen, die auf diese Weise Gottes Liebe erfahren):*

- ❒ *Geben*
- ❒ *Gastfreundschaft*
- ❒ *Barmherzigkeit*
- ❒ *Freiwillige Armut*

*• Eine zweite Untergruppe hilft Christen, ihren **menschlichen Geist** im Einklang mit Gottes Absichten zu gebrauchen:*

- ❒ *Erkenntnis*
- ❒ *Organisation*
- ❒ *Weisheit*

*• Eine dritte Untergruppe schließlich befähigt uns zu **kreativen Tätigkeiten:***

- ❒ *Künstlerische Kreativität*
- ❒ *Handwerk*
- ❒ *Musik*

Die Gabe der künstlerischen Kreativität

Kapitel 5: 30 geistliche Gaben

Die Gabe der künstlerischen Kreativität kann in unterschiedlichen Variationen vorkommen (z. B. Tanz, Bildhauerei, Töpfern, Pantomime, Komponieren, Schreiben etc.). Kennzeichnend für künstlerisch-kreative (im Unterschied zu rein handwerklichen) Fähigkeiten ist es, dass es sich hier um schöpferische Prozesse handelt: Einer bestimmten Idee oder einem Gefühl wird durch die künstlerische Darstellungsform Ausdruck verliehen.

Diese Gabe befähigt Christen, künstlerische Gestaltungsmittel so einzusetzen, dass die Gemeinde dadurch erbaut wird.

Bibelstellen

2. Mose 31,1-11; 2. Samuel 6,12-16; 1. Könige 7,14

Mögliche Aufgaben

Pantomime, Bastelgruppe, Raumgestaltung, Layout für Gemeindebrief, Plakate entwerfen, Theatergruppe, Lieder texten/komponieren ...

Gefahren

- Manche Christen sind so sehr von den sogenannten „großen Künstlern" und ihren „unsterblichen Werken" fasziniert, dass sie sich selbst keine künstlerische Kreativität zutrauen.
- Manche Menschen mit einer künstlerischen Gabe sind ausgesprochene „Mimosen" und nicht in der Lage, sich Kritik zu stellen. (Auch andere Spielarten typischer „Künstlerallüren" sind denkbar!)
- Manches, was Christen künstlerisch produzieren, dient mehr der Selbstdarstellung als dem Reich Gottes.

Tipps zum Trainieren der Gabe

- Wenn Sie bei sich die Gabe der künstlerischen Kreativität entdeckt haben, dann prüfen Sie, ob in diesem Bereich nicht womöglich Ihre Lebensberufung liegen könnte!
- Suchen Sie Kontakt zu anderen kreativ tätigen Menschen (übrigens nicht nur zu Christen!).
- Investieren Sie viel Zeit in die „handwerkliche Seite" des künstlerischen Gestaltungsprozesses.

Fragen

- Können Sie sich an Beispiele erinnern, wie Ihr eigener Glaube durch künstlerische Arbeiten (Malerei, Musik, Gedichte etc.) auferbaut worden ist?
- An welchen Stellen ist in Ihrer eigenen Gemeinde Raum zum Praktizieren dieser Gabe?

Kapitel 5: 30 geistliche Gaben

Die Gabe des Handwerks

Diese Gabe befähigt Christen, die Arbeit mit ihren Händen so einzusetzen, dass damit der Gemeinde gedient wird.

Die Gabe des Handwerks kommt in ungeheuer vielfältigen Variationen vor: Gartenarbeit, Bauarbeit, Autoreparaturen etc., aber auch in Bereichen, die traditionellerweise als eher „weibliche" Betätigungsfelder gelten: Nähen etc. Beachten Sie: Nicht jeder, der handwerklich geschickt ist, hat auch die geistliche Gabe des Handwerks. Menschen, die diese Gabe nicht haben, mögen durchaus passionierte Bastler sein – sie erleben aber nicht die ungeheure Freude, die es bereitet, wenn man seine Fähigkeiten für andere einsetzt. Diese Freude im Dienst für andere ist jedoch kennzeichnend für Menschen, denen Gott die geistliche Gabe des Handwerks gegeben hat!

Bibelstellen

2. Mose 30,22-31; 2. Könige 12,11-13; 2. Chronik 34,9-13; Apostelgeschichte 18,3

Mögliche Aufgaben

Gartenarbeiten, Instandhaltungsarbeiten, Bauarbeiten, Nachbarschaftshilfe, Auslandsmission ...

Gefahren

- Manche Christen, denen Gott diese Gabe gegeben hat, leiden an Minderwertigkeitsgefühlen, weil sie ihre Tätigkeit nicht als einen „geistlichen Dienst" verstehen können.
- Unzählige Christen, die die Gabe des Handwerks haben, setzen sie zwar in ihrem Bekanntenkreis, nicht aber in der Gemeinde ein.

Tipps zum Trainieren der Gabe

- Ein guter Weg, handwerkliche Gaben weiter zu entwickeln, ist es, anderen bei ihrer Arbeit „über die Schulter zu gucken" und sich von ihnen anleiten zu lassen.
- Wenn Sie in bestimmten Bereichen bei sich handwerkliche Fähigkeiten entdeckt haben, dann testen Sie Ihre Begabung auch in anderen Bereichen.
- Bieten Sie sich an, Ihre Begabung bewusst in der Gemeinde einzusetzen. Leiten Sie bei Bedarf Christen, die diese Gabe nicht haben, an.
- Setzen Sie Ihre Gabe ein, indem Sie Ihren Nachbarn handwerkliche Hilfe anbieten.

Fragen

- Sollte Ihre Gemeinde bei Reparaturarbeiten ausschließlich auf Gemeindeglieder mit der Gabe des Handwerks zurückgreifen, oder sollte sie lieber eine professionelle Bautruppe beauftragen?
- Denken Sie an Menschen, die nach Ihrer Einschätzung diese Gabe haben: Verstehen diese die Gabe des Handwerks wirklich als geistliche Gabe, die zum Aufbau des Leibes Christi eingesetzt werden kann?

Die Gabe des Gebens

Um regelmäßig seinen „Zehnten" für das Reich Gottes zu geben, ist keine besondere Gabe erforderlich; die Ausübung der entsprechenden christlichen Universalrolle (siehe Seite 48) reicht. Es gibt aber Menschen, die einen erheblich größeren Teil ihres Geldes bereitwillig für das Reich Gottes zur Verfügung stellen. Achtung: Die Gabe des Gebens sollte nicht mit der Gabe der freiwilligen Armut verwechselt werden (siehe Seite 111), auch wenn beide Gaben relativ häufig als Gabenkombination auftreten.

Diese Gabe befähigt Christen, materielle Güter für Gottes Reich fröhlich und großzügig zur Verfügung zu stellen.

Bibelstellen

Lukas 3,11; Lukas 21,1-4; Johannes 12,3-8; Apostelgeschichte 4, 32-37; Apostelgeschichte 20,35; Römer 12,8; **2. Korinther 8,2-5**

Mögliche Aufgaben

Krisenhilfe, Finanzausschuss, Katastrophenhilfe, Schatzmeister, Unterstützung von Missionaren, Koordinierung von Spenden, Finanzierung Hauptamtlicher, finanzielle Projektunterstützung ...

Gefahren

- Manche Christen, die diese Gabe haben, stehen in der Gefahr, sie weniger zu praktizieren, wenn sie selbst in finanziellen Engpässen sind. Die Gabe des Gebens ist aber nicht an Reichtum gebunden.
- Häufig segnet Gott Menschen mit der Gabe des Gebens so sehr, dass sie enorm viel Geld zur Verfügung haben. Es besteht die Gefahr, dass diese Menschen das Geld dann schließlich doch für sich behalten, anstatt es dazu zu benutzen, wozu Gott es ihnen gegeben hat.
- Manche Christen mit dieser Gabe neigen dazu, das Geld relativ ziellos wegzugeben, weil es ihnen einfach Freude macht. Etwas mehr Planung könnte die Praktizierung ihrer Gabe noch effektiver machen.
- Manche Christen mit dieser Gabe sind der Illusion erlegen, mit Spenden sei alles getan.

Tipps zum Trainieren der Gabe

- Beschäftigen Sie sich ganzheitlich mit den Projekten, die Sie unterstützen. Lernen Sie vor allem die Menschen kennen, die Ihre Hilfe empfangen oder sie von Ihnen erbitten.
- Halten Sie nach Bedürfnissen Ausschau, die andere nicht sehen, und setzen Sie Ihre finanzielle Hilfe ganz gezielt ein. Achten Sie vor allem darauf, solche Projekte zu unterstützen, die ohne Ihre Hilfe nicht möglich wären.

Fragen

- Haben Sie schon Erfahrungen damit gemacht, dass Gott Sie segnete, als Sie von Ihrem Besitz opferten? Hat so eine Erfahrung Sie zum weiteren Geben motiviert?
- Schreiben Sie auf, welche zusätzlichen Projekte Ihre Gemeinde in Angriff nehmen könnte, wenn jeder Christ seinen Zehnten gäbe und diejenigen, die die Gabe des Gebens haben (nach unseren Untersuchungen 14 Prozent der Christen!), sie auch einsetzten.

Kapitel 5: 30 geistliche Gaben

Die Gabe der Gastfreundschaft

Diese Gabe befähigt Christen, ein offenes Haus zu führen und Menschen, die Unterkunft und Verpflegung benötigen, herzlich aufzunehmen.

Wer die Gabe der Gastfreundschaft hat, ist in der Regel mit Gästen glücklicher als er es ohne wäre. Achtung: Um ein gastfreies Haus zu führen und freundlich zu Gästen zu sein, ist diese Gabe nicht erforderlich – die Ausübung der entsprechenden christlichen Universalrolle (siehe Seite 48) reicht völlig aus. Menschen mit dieser Gabe fällt es aber sehr viel leichter als anderen, Gästen das Gefühl zu vermitteln, zu Hause zu sein. Viele von ihnen können diese Atmosphäre auch außerhalb ihrer eigenen vier Wände verbreiten.

Bibelstellen

1. Mose 18,1-8; Matthäus 10,11-14 und 40; Matthäus 25,35; Lukas 10,38-42; Römer 12,9-13; Titus 1,7-8; 1. Petrus 4,9-10; 3. Johannes 5-10; Hebräer 13,1-2

Mögliche Aufgaben

Hauskreis-Gastgeber, Betreuung Obdachloser, Gottesdienst-Begrüßungsteam, Randgruppenarbeit, Freizeitleitung, Gemeindeaustausch, Gästebetreuung, Bereitstellung von Quartieren, Jugendarbeit ...

Gefahren

- Einige Christen praktizieren ihre Gabe in einem so extremen Ausmaß, dass der Rest der Familie (der diese Gabe möglicherweise nicht hat!) darunter leidet.
- Christen mit der Gabe der Gastfreundschaft neigen bisweilen zur Gabenprojektion (siehe Seite 97). Wenn sie bei anderen Menschen zu Gast sind, die diese Gabe nicht haben, können sie sich unter Umständen unfreundlich behandelt fühlen – dabei sind die Gastgeber keineswegs unfreundlich, sondern haben lediglich nicht die Gabe der Gastfreundschaft!

Tipps zum Trainieren der Gabe

- Teilen Sie Ihrer Gemeindeleitung mit, dass Sie gerne bereit sind, Gäste bei sich unterzubringen und zu bewirten.
- Denken Sie darüber nach, ob nicht ein gemeindlicher Kreis in Ihrem Haus oder Ihrer Wohnung stattfinden könnte. Sie brauchen keineswegs die Leitung dieser Gruppe zu übernehmen, sondern könnten sich auf die Rolle des Gastgebers beschränken.

Fragen

- Waren Sie schon einmal bei Menschen zu Gast, die diese Gabe haben? Beschreiben Sie, wie Sie sich dabei gefühlt haben:
- Welche der folgenden Gaben halten Sie – im Blick auf den Gemeindeaufbau – für die wichtigste: Gastfreundschaft, Zungenreden, Hirtendienst oder Lehren? Begründen Sie Ihre Meinung.

Die Gabe der Erkenntnis

Diese Gabe befähigt Christen, Informationen und Ideen, die für das Wohl der Gemeinde wichtig sind, zu entdecken, zu sammeln, zu analysieren und zu formulieren.

Es gibt in der Christenheit unterschiedliche Auffassungen, was diese Gabe bedeutet. Manche Christen bezeichnen mit dem Ausdruck „Wort der Erkenntnis" eine andere Gabe als die hier beschriebene. Sie verstehen „Erkenntnis" als einen übernatürlichen Einblick in eine bestimmte Situation. Dieses Phänomen ist in diesem Buch dem prophetischen Gabenbereich zugeordnet (siehe Seite 132). Kennzeichnend für Menschen mit der Gabe der Erkenntnis ist es, dass sie neue Ideen hervorbringen, die für die Gemeinde Jesu Christi von Bedeutung sind. 66 Prozent der Christen mit der Gabe der Erkenntnis haben außerdem „Lehren" als geistliche Gabe – eine ausgesprochen nützliche Gabenkombination!

Bibelstellen

Römer 15,14; 1. Korinther 8,1-2; 1. Korinther 12,8; 1. Korinther 13,2 und 8-10; 2. Korinther 12,7; **Epheser 3,14-19**

Mögliche Aufgaben

Gemeindeaufbau-Untersuchungen, Seminarvorbereitung, Schriftstellerei, Langzeitplanung, theologische Arbeit, Pressearbeit, Bibelarbeiten, kreative Evangelisationsformen ...

Gefahren

- Bei manchen Christen, denen Gott diese Gabe gegeben hat, ist sie zum Selbstzweck geworden: Sie sammeln Erkenntnisse um der Erkenntnisse willen, ohne nach deren Nützlichkeit für den Bau von Gemeinde Jesu Christi zu fragen.
- Manche Menschen mit dieser Gabe haben eine unterentwickelte Sicht für praktische Dinge und wirken bisweilen ein wenig alltagsfremd. Das gilt besonders dann, wenn ihre Gabe nicht durch die Gabe des Lehrens ergänzt wird.
- Menschen mit der Gabe der Erkenntnis stehen – weil sie meist mehr als andere wissen – in der besonderen Gefahr, Stolz zu entwickeln.

Tipps zum Trainieren der Gabe

- Verbringen Sie mehr Zeit als andere Christen mit dem Studium der Bibel.
- Sammeln Sie Daten und Fakten, die für die Gemeindeentwicklung von Bedeutung sind.
- Beschäftigen Sie sich mit den bekanntesten Ideenfindungs- und Kreativitätstechniken. Es gibt dazu einige gute Bücher.
- Legen Sie sich ein Ideenarchiv an, an dem Sie regelmäßig arbeiten.

Fragen

- Denken Sie an einige Christen, die nach Ihrer Auffassung die Gabe der Erkenntnis haben. Setzen diese Menschen ihre Gabe für den Gemeindeaufbau ein? Wie?
- Auf welchem Wege erhalten Menschen mit der Gabe der Erkenntnis ihre Ideen – natürlich oder übernatürlich?

Kapitel 5: 30 geistliche Gaben

Die Gabe der Barmherzigkeit

Diese Gabe befähigt Christen, durch praktische Taten gegenüber Menschen, die in körperlichen, seelischen oder geistlichen Problemen stecken, Mitgefühl zu zeigen.

Die Gabe der Barmherzigkeit kommt im Unterschied zur Gabe des Helfens oder Dienens besonders denen zugute, die am Rande der Gesellschaft stehen. Während sich ein Christ mit der Gabe der Seelsorge diesen Menschen primär mit *Worten* der Liebe zuwendet, zeigt sich die Gabe der Barmherzigkeit vor allem in *Taten* der Liebe. Diese Gabe ist vielfach unentdeckt. Nach unseren Untersuchungen ist davon auszugehen, dass bei 13 Prozent der Christen Barmherzigkeit Teil ihrer Gabenkombination ist.

Bibelstellen

Matthäus 25,37-40; Markus 9,41; **Lukas 10,33-37;** Apostelgeschichte 9,36-42; Römer 12,4-8; Jakobus 1,27; Jakobus 2,14-17

Mögliche Aufgaben

Seelsorge, Fürbitte, Randgruppenarbeit, Gefängnisarbeit, Auslandsmission, Arbeit mit ledigen Müttern, diakonische Dienste, Behindertenarbeit, Krankenbesuche, Arbeit mit Drogensüchtigen ...

Gefahren

- Manche Christen mit dieser Gabe sind für Not und Ungerechtigkeit so sehr sensibilisiert, dass sie dazu neigen, die Welt zu negativ zu sehen.
- Andere stehen in der Gefahr, lediglich spontan auf Einzelfälle zu reagieren. Sie sind aber weniger interessiert, nach den Ursachen des Elends zu fragen.
- Wer die Gabe der Barmherzigkeit hat, sollte darauf achten, dass er nicht andere, die diese Gabe nicht haben, für „unbarmherzig" hält.

Tipps zum Trainieren der Gabe

- Halten Sie Ihre Augen bewusst nach Situationen auf, in denen Menschen auf Taten der Barmherzigkeit angewiesen sind.
- Die Gabe der Barmherzigkeit gehört zu den Gaben, die sich nicht auf festgelegte Dienste eingrenzen lassen. Welche Aufgabe Sie auch immer wahrnehmen – diese Gabe kann jeden Dienst bereichern.
- Wer die Gabe der Barmherzigkeit hat, wird die Effektivität seines Dienstes steigern können, indem er sich bewusst in der Kunst des Zuhörens schult. Viele Menschen suchen nichts sehnlicher als einen Gesprächspartner, der ihnen aus ehrlichem Interesse zuhört.

Fragen

- Was ist der Unterschied zwischen der Gabe der Barmherzigkeit und der entsprechenden christlichen Universalrolle (siehe Seite 48)? Stellen Sie Situationen zusammen, in denen jeder Christ Barmherzigkeit üben sollte, und solche, in denen besonders Christen mit der Gabe der Barmherzigkeit gefragt sind!
- Woran lassen sich Menschen erkennen, die die Gabe der Barmherzigkeit haben? Schreiben Sie einige Eigenschaften auf.

Die Gabe der Musik

Bei der Gabe der Musik geht es nicht um das Texten und Komponieren (diese Bereiche gehören zur Gabe der künstlerischen Kreativität!), sondern um das Singen und Musizieren selbst. Das Alte Testament erwähnt verschiedene Anwendungsbereiche dieser Gabe: Instrumentalisten (1. Chr. 15,20f; 2. Chr. 29,26), Sänger (1. Chr. 15,19), Anbetungsleiter (Neh. 12,46), Gesangslehrer (1. Chr. 15,22).

Diese Gabe befähigt Christen, ein Musikinstrument oder ihre Stimme im Gesang zur Ehre Gottes und zur Erbauung anderer einzusetzen.

Bibelstellen

5. Mose 31,14-23; **1. Samuel 16,14-23;** 1. Chronik 16,41-42; 2. Chronik 5,12-14; Psalm 150; 1. Korinther 14,26; Epheser 5, 18-20; Kolosser 3,15-17

Mögliche Aufgaben

Anbetungsleitung, Instrumentalkreis, Anbetungsteam, Straßeneinsätze, Chorleitung, Krankenbesuche, Chorsänger, Gottesdienstgestaltung, Gesangssolist, Evangelisationen ...

Gefahren

- Manche Christen, die Musik als geistliche Gabe erkannt haben, meinen, sie brauchten nicht mehr zu üben, da ihre Gabe ja „schließlich von Gott" komme – eine Auffassung mit unangenehmen Konsequenzen.
- Etliche Musiker, die viel im Rampenlicht der Öffentlichkeit stehen, werden von ihrem Publikum „angehimmelt" und in allen möglichen Bereichen des Lebens für Autoritäten gehalten.
- Nicht jeder, der die Gabe der Musik hat, ist auch ein guter Leiter einer Musikgruppe (Band, Anbetungsteam, Chor etc.).

Tipps zum Trainieren der Gabe

- Wenn Sie die Gabe der Musik wirklich zur Ehre Gottes einsetzen wollen, dann nehmen Sie auf jeden Fall Musikunterricht bei einem kompetenten Lehrer.
- Versuchen Sie, andere Menschen in Ihrem Bereich anzuleiten – vielleicht entdecken Sie in diesem Prozess eine bislang versteckte Lehr- bzw. Leitungsgabe.
- Lassen Sie sich in eine Gruppe von Christen einbinden, die gemeinsam Musik machen.

Fragen

- Ist die Gabe der Musik Voraussetzung, um im Chor mitzusingen? Warum bzw. warum nicht?
- Muss jemand, der die Gabe der Musik hat, mehr üben als jemand, der sie nicht hat – oder weniger? Warum?

Kapitel 5: 30 geistliche Gaben

Die Gabe der Organisation

Diese Gabe befähigt Christen, die Ziele für einen Bereich der gemeindlichen Arbeit zu verstehen und effektive Pläne zu entwerfen, um diese Ziele zu erreichen.

Das griechische Wort für Organisator könnte auch mit „Steuermann" übersetzt werden. Der Steuermann steht zwischen dem Kapitän des Schiffes und der Mannschaft. Der Unterschied zwischen der Gabe der Leitung und der Gabe der Organisation entspricht dem Unterschied zwischen dem Kapitän und dem Steuermann eines Schiffes. Der Kapitän trifft die grundlegenden Entscheidungen, wohin das Schiff fahren soll, während der Steuermann dafür sorgt, dass er gemeinsam mit der Mannschaft das Schiff zum Bestimmungshafen bringt.

Bibelstellen

2. Mose 18,13-27; 1. Korinther 12,28

Mögliche Aufgaben

Ressortleitung eines Aufgabenbereiches (z. B. Öffentlichkeitsarbeit, Mitarbeiterschulung etc.), Organisation von Tagungen (Seminaren, Konzerten, Evangelisationen, Gemeindefesten etc.), Mitarbeiterbibliothek, Cassettenbibliothek, Gemeindeaufbau-Planung, Finanzen, EDV-Arbeit, Koordinierung der Hauskreise, Leitung von Arbeitsgruppen, Gemeindebrief-Organisation, Vorbereitung von Gemeindefreizeiten ...

Gefahren

- Menschen mit der Gabe der Organisation können zur „Macherei" neigen. Sie sehen, wie sehr Gott ihr Planen und Organisieren segnet, und können darüber leicht den Blick dafür verlieren, dass sie lediglich Werkzeuge sind, die Gott benutzt, um seine Gemeinde zu bauen.
- Menschen, die stets auf das organisatorisch Machbare schauen, können Bremsklötze für die Visionäre in der Gemeinde werden.

Tipps zum Trainieren der Gabe

- Wer die Gabe der Organisation hat, sollte ganz besonders auf sein geistliches Leben achten. Erfahrungen mit dem übernatürlichen Wirken Gottes können dabei helfen, der eigenen Gabe den richtigen Stellenwert einzuräumen.
- Besuchen Sie christliche – aber auch säkulare – Management-Seminare, die Ihnen viele Hilfen vermitteln, wie Sie Ihre Gabe noch besser einsetzen können.
- Arbeiten Sie konsequent nach einem Zeitplansystem, das Ihnen helfen wird, die verfügbare Zeit gezielter einzusetzen.

Fragen

- Welche Aufgaben in Ihrer Gemeinde könnten effektiver ausgeführt werden, wenn sich ein Christ mit der Gabe der Organisation darum kümmerte?
- Was steht dem im Wege, diese Aufgaben konsequent an Christen mit der Gabe der Organisation zu delegieren?

Die Gabe der freiwilligen Armut

Kapitel 5: 30 geistliche Gaben

Bei dieser Gabe ist das Wort „freiwillig" wichtig. Nicht jeder, der auf einem materiell niedrigen Standard lebt, hat die Gabe der freiwilligen Armut. Diese Gabe wird vielmehr von Menschen praktiziert, die sehr wohl auf einem materiell höheren Niveau leben könnten, aber bewusst darauf verzichten. Die Gabe der freiwilligen Armut ist nicht mit der Gabe des Gebens (siehe Seite 105) zu verwechseln. Zwar hat fast jeder, der die Gabe der freiwilligen Armut hat, auch die Gabe des Gebens (92 Prozent). Eine Umkehrung dieses Satzes gilt aber nicht: Nur 15 Prozent der Christen, denen Gott die Gabe des Gebens geschenkt hat, haben gleichzeitig die der freiwilligen Armut.

Diese Gabe befähigt Christen, auf materiellen Wohlstand zu verzichten, um einen Lebensstil anzunehmen, der dem der Armen ihrer Gesellschaft entspricht.

Bibelstellen

Apostelgeschichte 2,44-45; **Apostelgeschichte 4,32-37**; 1. Korinther 13,3; 2. Korinther 6,10; Philipper 4,11-13

Mögliche Aufgaben

Auslandsmission, Randgruppenarbeit, Obdachlosenasyl, Kommunität ...

Gefahren

- Wer diese Gabe hat, sollte sie auch konsequent praktizieren – aber sich davor hüten, über Christen zu richten, die andere geistliche Gaben praktizieren und dabei auf einem materiell höheren Niveau leben.
- Freiwillige Armut kann zum Selbstzweck werden – dafür ist diese Gabe aber nicht von Gott gegeben. Sie soll ein bestimmtes Ziel erreichen. Fragen Sie sich also, ob Sie dieses Ziel besser erreichen können, wenn Sie auf einem materiell niedrigen Niveau leben.

Tipps zum Trainieren der Gabe

- Verbringen Sie mehrere Tage oder Wochen in einer klösterlichen Gemeinschaft, die sich einem sehr strengen Armutsideal verschrieben hat.
- Planen Sie bewusst Zeiten, in denen Sie unter Ihrem derzeitigen Lebensstandard – auf einem wirklichen Armutsniveau – leben.
- Besuchen Sie Länder mit einem niedrigeren Lebensstandard – und leben Sie eine Zeit lang in enger Gemeinschaft mit den Menschen dort.

Fragen

- Wenn Sie an das Leben einer Frau wie Mutter Teresa denken: Glauben Sie, dass für sie das Leben in Armut ein großes Opfer war – oder glauben Sie, dass sie auf diese Weise ein glücklicherer Mensch war, als sie es mit mehr Wohlstand gewesen wäre?
- Sollte jeder Christ einen einfachen Lebensstil führen – oder nur solche, denen Gott die Gabe der freiwilligen Armut gegeben hat?

Kapitel 5: 30 geistliche Gaben

Die Gabe der Weisheit

Diese Gabe befähigt Christen, Menschen dabei zu helfen, bestimmte Erkenntnisse auf konkrete Situationen anzuwenden.

Die Gabe der Weisheit ist von der Gabe der Erkenntnis zu unterscheiden. Wer die Gabe der Erkenntnis hat, behandelt geistliche Dinge wie ein Mediziner, der durch seine Forschungsarbeit neue Einsichten in Physiologie, Genetik oder die Wirkungsweise eines Impfstoffes gewinnt. Wer die Gabe der Weisheit besitzt, ist dagegen mit dem Arzt zu vergleichen, der die Diagnose stellt und die Erkenntnisse aus der medizinischen Forschung auf den einzelnen Fall anwendet. Achtung: Das, was manche Christen als „Wort der Weisheit" bezeichnen (sie meinen eine spontane, übernatürliche Einsicht), ist im *3-Farben-Gabentest* dem prophetischen Gabenbereich zugeordnet (siehe Seite 132).

Bibelstellen

1. Könige 3,5-28; 1. Korinther 12,7-8; Jakobus 3,13-18

Mögliche Aufgaben

Seelsorge, Segnungsdienst, Schulungsarbeit, Seminare, Konfliktlösung, Lebensberatung, Gabenberatung, Gemeindeberatung ...

Gefahren

- Weil der Rat von Menschen mit der Gabe der Weisheit sehr gefragt ist, stehen sie in der Gefahr, auch dann Antworten zu geben, wenn sie möglicherweise keine haben. Es besteht die Gefahr, dass sie in die Position eines „Guru" gedrängt werden, dessen Rat man blind folgt.
- Wer die Gabe der Weisheit hat, kann die Konsequenzen von bestimmten Entscheidungen sehr viel besser als andere abschätzen. Dennoch müssen sich Christen mit dieser Gabe davor hüten, bevormundend gegenüber anderen Christen aufzutreten. Sie müssen den Menschen, die sie beraten, die Möglichkeit einräumen, Fehler machen zu dürfen.

Tipps zum Trainieren der Gabe

- Arbeiten Sie mit Fallstudien, um allgemeine Prinzipien auf jeweils wechselnde Situationen anwenden zu lernen.
- Entwickeln Sie Techniken, die richtigen Fragen zu stellen. Es ist oft besser, Fragen so zu stellen, dass der Gesprächspartner die richtige Antwort selber findet, als ihm von vornherein fertige Lösungen zu präsentieren.

Fragen

- Haben Sie in Ihrem Leben schon von Menschen profitiert, die die Gabe der Weisheit hatten? Schreiben Sie derartige Erfahrungen auf.
- Wäre es für Ihre Gemeinde wichtig, einen Gemeindeberater zu haben? Schreiben Sie Vor- und Nachteile auf.

Kategorie 2: der rote Farb-Bereich

Kapitel 5: 30 geistliche Gaben

Die im roten Farb-Bereich aufgeführten Gaben beziehen sich auf die Verkündigung des Evangeliums und darauf, Menschen beim Wachstum im Glauben zu helfen. Aus diesem Grund finden Sie in dieser Kategorie auch die verschiedensten Leitungsgaben.

Die im roten Farb-Bereich aufgeführten Gaben beziehen sich auf die Verkündigung des Evangeliums und darauf, Menschen beim Wachstum im Glauben zu helfen.

- *Eine Untergruppe dieser Gaben bezieht sich sehr explizit auf die* ***Verbreitung des Evangeliums****:*

❒ *Evangelisation*

❒ *Missionar*

- *Eine zweite Untergruppe besteht aus verschiedenen* ***Leitungsgaben****, die Menschen dabei helfen, anderen Christen zu dienen, die aber auch Nichtchristen zugute kommen können:*

❒ *Apostel*

❒ *Seelsorge*

❒ *Leitung*

❒ *Hirtendienst*

❒ *Lehren*

- *Eine dritte Untergruppe schließlich ist darauf ausgerichtet,* ***anderen Christen (oft Leitern) zu helfen****, ihre jeweiligen Aufgaben besser zu erfüllen:*

❒ *Helfen*

❒ *Dienen*

❒ *Ehelosigkeit*

Kapitel 5: 30 geistliche Gaben

Die Gabe des Apostels

Diese Gabe befähigt Christen, von einer Vielzahl von Gemeinden als geistliche Leitfiguren anerkannt zu werden.

Die Gabe des Apostels ist keineswegs nur auf die ursprünglichen zwölf Apostel beschränkt. Schon das Neue Testament nennt weitere Beispiele für Frauen und Männer mit einem apostolischen Dienst. Die Aufgabe von Aposteln ist meist eine übergemeindliche. Ihre Autorität ist nicht abhängig von dem Amt, das sie gerade innehaben. Menschen mit dieser Gabe zeichnen sich durch eine große Weitsicht aus.

Bibelstellen

Matthäus 10,2-15; Johannes 13,12-17; Apostelgeschichte 8,14-25; Apostelgeschichte 14,14-15; Apostelgeschichte 15,1-6; Römer 16,7; **1. Korinther 12,28-29**; 2. Korinther 12,12; Galater 1,1; Epheser 4,11

Mögliche Aufgaben

Gemeindegründungsarbeit, Langzeitplanung, Auslandsmission, Gemeindeberatung, übergemeindliche Aufgaben ...

Gefahren

- Manchen Christen mit dieser Gabe fehlt die geistliche Korrektur. Deshalb ist es für sie besonders wichtig, in eine christliche Gemeinschaft, in der sie keine Leitungsfunktion ausüben, eingebunden zu sein.
- Manche haben nicht zusätzlich die Gaben der Leitung und der Organisation. Das kann leicht dazu führen, dass diese Menschen zu einer gewissen Unstrukturiertheit neigen.
- Verschiedene Christen mit einer apostolischen Gabe werden in eine Art „Guru-Rolle" gedrängt, die geistlich ungesund ist – sowohl für sie als auch für die Menschen, mit denen sie zu tun haben. Wer die Gabe des Apostels hat, sollte ehrlich zum Ausdruck bringen, dass er nicht auf alle Fragen eine Antwort weiß. Er sollte bewusst zu seinen Grenzen stehen.
- Gerade Menschen, die derartig im Rampenlicht stehen, müssen sich vor Versuchungen aus drei Richtungen schützen: Geld, Sex und Macht.

Tipps zum Trainieren der Gabe

- Die Maßstäbe, die die Bibel für „Leiter" (1. Tim. 3,1-7; 5,17-22) nennt, gelten für Christen mit einem apostolischen Dienst in besonderer Weise.
- Wenn Sie bei sich diese Gabe entdeckt haben, dann nehmen Sie Kontakt zu anderen Christen auf, die ebenfalls eine apostolische Gabe haben. Verbringen Sie viel Zeit mit ihnen.
- Wer diese Gabe hat, tut gut daran, im Blick auf seinen Wohnort möglichst flexibel zu bleiben.

Fragen

- Muss jeder überregionale Amtsträger wie zum Beispiel Bischof, Dekan oder Superintendent die Gabe des Apostels haben?
- Haben die überregionalen Amtsträger, die für Ihre Gemeinde zuständig sind, nach Ihrer Einschätzung eine apostolische Gabe?

Die Gabe der Seelsorge

Kapitel 5: 30 geistliche Gaben

Diese Gabe befähigt Christen, anderen Menschen durch Trost, Ermahnung und Ermutigung zu dienen, so dass diese Hilfe und Heilung erfahren.

Die Gabe der Seelsorge versucht, beide Dimensionen des griechischen Wortes *parakaleo* (das sowohl „Ermahnung" wie „Ermutigung" bedeuten kann) zusammenzubringen. Diese Gabe unterscheidet sich von der Gabe des Hirtendienstes dadurch, dass mit dem Dienst der Seelsorge keine langfristige Bindung zu der entsprechenden Person eingegangen werden muss. Wer die Gabe der Seelsorge hat, kümmert sich für einen begrenzten Zeitraum um das persönliche und geistliche Wohlergehen eines anderen Menschen – dann wendet er sich dem nächsten zu. Interessant: 41 Prozent der Christen mit der Gabe der Seelsorge haben gleichzeitig die Gabe der Gastfreundschaft.

Bibelstellen

Johannes 4,1-42; Apostelgeschichte 14,21-22; Römer 12,6-8; 2. Korinther 1,3-7; 1. Thessalonicher 2,11; **1. Thessalonicher 5,14**; 1. Timotheus 5,1

Mögliche Aufgaben

Eingliederung neuer Christen, Krankenbesuche, Seelsorgeteam, Hauskreisarbeit, Gabenberatung, Segnungsdienst, Passive ermutigen, Drogenberatung, Randgruppenarbeit, Familienberatung, Altenarbeit, Sterbebegleitung, Gefängnisarbeit, Telefonseelsorge ...

Gefahren

- Manche Christen mit dieser Gabe laden sich zu viel auf, so dass ihr eigenes geistliches und familiäres Leben darunter leidet.
- Mitunter fehlt Christen, die sich aufgrund ihrer seelsorgerlichen Gabe gut in Menschen hinein versetzen können, die nötige Strenge und Deutlichkeit im Umgang mit ihren Gesprächspartnern.

Tipps zum Trainieren der Gabe

- Studieren Sie die Psalmen und achten Sie auf die wechselnden Stimmungen der Menschen, die mit Gott leben wollen. Überlegen Sie, wie Sie die Psalmen einsetzen können, um Menschen zu trösten, die in ähnlichen Situationen sind.
- Studieren Sie anhand von Hiob, wie Sie mit Leidenden umgehen können – und wie Sie es lieber *nicht* machen sollten.
- Als Seelsorger sind Sie dringend selbst auf regelmäßige Seelsorge angewiesen.
- Nehmen Sie an Kursen teil, die Ihnen Grundlagen der Psychologie vermitteln. Das wird Ihnen im Umgang mit anderen Menschen eine große Hilfe sein.

Fragen

- Braucht jeder Christ, der Seelsorge üben will, eine psychologische Ausbildung? Begründen Sie Ihre Auffassung.
- Welche Gaben eignen sich gut als Ergänzung zur Gabe der Seelsorge?

Kapitel 5: 30 geistliche Gaben

Die Gabe der Evangelisation

Diese Gabe befähigt Christen, Nichtchristen das Evangelium so nahe zu bringen, dass sie zum Glauben finden und verantwortliche Gemeindeglieder werden.

Nach unseren Untersuchungen kann damit gerechnet werden, dass in jeder Gemeinde 10 Prozent der Christen die Gabe der Evangelisation haben. Wer diese Gabe bei sich entdeckt, sollte sich ganz darauf konzentrieren und in der Regel von anderen gemeindlichen Aufgaben entlastet werden.

Bibelstellen

Apostelgeschichte 8,5-6; **Apostelgeschichte 8,26-40;** Apostelgeschichte 14,13-21; Römer 10,14-15; Epheser 4,11

Mögliche Aufgaben

Predigtdienst, Offene Abende, evangelistischer Besuchsdienst, Seelsorge, Rundfunkarbeit, Auslandsmission, Gemeindegründungsteam, Randgruppenarbeit, offene Hauskreise, Musik-/Bandarbeit, Kinderevangelisation, Gastarbeitermission ...

Gefahren

- Einige Christen mit dieser Gabe treten wie Geschäftsleute auf, die eine Ware verkaufen wollen. Sie üben auf ihre Zuhörer einen ungeistlichen Druck aus.
- Viele sind so sehr auf die „Entscheidung für Christus" fixiert, dass der Prozess der Eingliederung in die Gemeinde nicht genügend Beachtung findet.

Tipps zum Trainieren der Gabe

- Schließen Sie sich einer Gruppe an, die gemeinsam regelmäßig evangelistisch tätig ist. Wenn es eine solche Gruppe in Ihrer Gemeinde noch nicht gibt, dann gründen Sie selbst eine. Suchen Sie dafür vor allem Leute, denen Gott ebenfalls diese Gabe gegeben hat.
- Arbeiten Sie nach einem evangelistischen Programm.
- Arbeiten Sie von Zeit zu Zeit mit Menschen zusammen, die die Gabe in einem höheren Grad als Sie selbst haben, und beobachten Sie sie genau. Fragen Sie sie hinterher, warum sie sich gerade in dieser Weise verhalten haben.
- Leiten Sie andere Menschen im evangelistischen Dienst an. Auch das wird dazu beitragen, Ihre Gabe weiter zu trainieren.

Fragen

- Wenn Sie zurück denken, wie Sie selbst zum Glauben und zur Gemeinde gefunden haben: Welche Person hatte in diesem Prozess den größten Einfluss auf diese Entscheidung? Inwiefern?
- Glauben Sie, dass dieser Mensch die Gabe der Evangelisation hatte? Was führt Sie zu dieser Meinung?

Die Gabe des Helfens

Kapitel 5: 30 geistliche Gaben

Die Gabe des Helfens ist – wie die Gabe der Barmherzigkeit – auf Einzelpersonen gerichtet. Im Unterschied zur Gabe der Barmherzigkeit kommt sie allerdings nicht so sehr Menschen zugute, die am Rande der Gesellschaft stehen. Sie wird vielmehr eingesetzt, um andere Christen (oft christliche Leiter) zu entlasten, so dass diese mehr Freiraum für die Praktizierung ihrer eigentlichen Gaben haben. Die Gabe des Helfens ist von der Gabe des Dienens zu unterscheiden. „Dienen" richtet sich primär auf eine Organisation, „Helfen" auf einzelne Menschen.

Diese Gabe befähigt Christen, ihre eigenen Begabungen in den Dienst anderer Christen zu stellen, um diesen zu ermöglichen, ihre Gaben wirksamer einzusetzen.

Bibelstellen

2. Mose 18,21-22; 4. Mose 11,16-17; **Lukas 10,38-42**; Römer 16,1-2; 1. Korinther 12,28

Mögliche Aufgaben

Entlastung/Unterstützung der Leiter, Umzugshilfe, Telefondienst, Sekretariat, Hausmeisterarbeiten ...

Gefahren

- Es gibt einige Menschen, die an einer sozialen Störung leiden, die als „Helfer-Syndrom" bezeichnet wird. Diese Menschen werden wahrscheinlich den *3-Farben-Gabentest* so ausfüllen, dass „Helfen" als eine ihrer manifesten geistlichen Gaben erscheint – was in diesem Fall ein irreführendes Ergebnis ist.
- Umgekehrt: Manche Christen, die in vorbildlicher Weise die Gabe des Helfens praktizieren, werden von anderen bisweilen fälschlicherweise des „Helfer-Syndroms" verdächtigt.
- Es ist generell die Gefahr von Menschen mit der Gabe des Helfens, dass sie ihre Fürsorge für andere übertreiben und diese gegebenenfalls unselbstständig machen.

Tipps zum Trainieren der Gabe

- Wenn Sie die Gabe bei sich entdeckt haben, dann fragen Sie Leiter in Ihrer Gemeinde: Was kann ich für dich tun, um dich zu entlasten?
- „Helfen" kann sich in den unterschiedlichsten Tätigkeiten ausdrücken: Schreibmaschine schreiben, Wäsche waschen, Anstreichen, Archivsysteme erarbeiten, Korrespondenz erledigen, Reden schreiben etc. Arbeiten Sie daran, in dem Tätigkeitsbereich, in dem Sie gefordert sind, Ihre Fähigkeiten zu trainieren – und achten Sie darauf, an welcher Stelle überlastete Leiter am dringendsten Ihre Hilfe gebrauchen könnten.

Fragen

- Von welchen Aufgaben könnten die Leiter Ihrer Gemeinde befreit werden, wenn die Gabe des Helfens konsequent praktiziert würde?
- Nach unseren Untersuchungen haben 13 Prozent der Christen die Gabe des Helfens. Ist den Christen in Ihrer Gemeinde, die diese Gabe haben, bewusst, dass es sich dabei um eine geistliche Gabe handelt?

Kapitel 5:
30 geistliche
Gaben

Die Gabe der Leitung

Diese Gabe befähigt Christen, Ziele für die Gemeinde zu setzen und sie anderen so zu vermitteln, dass sie freiwillig daran mitarbeiten, diese Ziele zu erreichen.

Im Unterschied zu gesetzlicher Macht ist es Kennzeichen der Gabe der Leitung, dass die Nachfolge freiwillig geschieht. Christen mit dieser Gabe brauchen in der Regel nicht auf ihre Leitungsautorität zu pochen – die Menschen folgen ihnen auch so. Interessant: 68 Prozent der Christen, denen Gott die Gabe der Leitung gegeben hat, haben gleichzeitig auch die Gabe der Organisation.

Bibelstellen

2. Mose 18,13-27; Römer 12,8; 1. Thessalonicher 5,12-13; **1. Timotheus 3,1-7**; 1. Timotheus 5,17-22

Mögliche Aufgaben

Pastor/Gemeindeleitung, Bereichsleiter, Gottesdienstleitung, Langzeitplanung ...

Gefahren

- Eine permanente Gefahr aller Leiter ist die geistliche Isolierung. Viele haben niemanden, der ihnen in die Karten schauen darf.
- Wer im Rampenlicht der Öffentlichkeit steht, ist oft besonderen Versuchungen durch Geld, Sex und Macht ausgesetzt.
- Manche Leiter haben Schwierigkeiten, Demut zu bewahren – während das Neue Testament gerade Leiter zur Demut ermahnt (vgl. 1. Petr. 5,5-6).

Tipps zum Trainieren der Gabe

- Studieren Sie gründlich, was die Bibel über geistliche Leiterschaft sagt. Die Gabe der Leitung ist lediglich eines von vielen Kriterien, die die Bibel für geistliche Leiter nennt.
- Beschäftigen Sie sich mit biblischen Personen wie Abraham, Joseph, Mose, David, Elia, Elisa, Samuel, Paulus etc.
- Beschäftigen Sie sich mit Biografien großer Leiter, um mehr über die Prinzipien der Leiterschaft zu erfahren.
- Konzentrieren Sie Ihren Dienst darauf, neue Leiter zu entdecken und anzuleiten.

Fragen

- Schauen Sie sich die Menschen an, die in Ihrer Gemeinde/Kirche Leitungsfunktionen ausüben: Haben sie Ihrer Meinung nach die geistliche Gabe der Leitung?
- Denken Sie an Menschen, die die Gabe der Leitung haben. Welche anderen Gaben sind mit der Leitungsgabe kombiniert?

Die Gabe des Missionars

Kapitel 5: 30 geistliche Gaben

Christen mit der Gabe des Missionars haben Freude daran, die Brücken zu ihrer eigenen Kultur abzubrechen und ganz in eine andere Kultur einzutauchen. Sie können diese Gabe sowohl im Ausland als auch gegenüber Menschen ausüben, die – innerhalb ihres eigenen Kulturbereichs – einer anderen sozialen Gruppe angehören. Achtung: Die Gabe des Missionars sollte nicht mit der Gabe der Evangelisation verwechselt werden (siehe Seite 116). Nur 8 Prozent der Christen, denen Gott die Gabe des Missionars gegeben hat, haben gleichzeitig die Gabe der Evangelisation.

Diese Gabe befähigt Christen, ihre anderen Gaben in einem fremden Kulturbereich einsetzen zu können.

Bibelstellen

Apostelgeschichte 9,13-17; Apostelgeschichte 14,21-28; **1. Korinther 9,19-23;** Galater 1,15-17; Galater 2,7-14; Epheser 3,6-8

Mögliche Aufgaben

Randgruppenarbeit, Auslandsmission, Gastarbeitermission, Gemeindegründungsarbeit ...

Gefahren

- Manche Christen mit der Gabe des Missionars stellen sich so sehr auf den anderen ein, dass sie dabei die christliche Botschaft entweder vergessen oder aber verwässern. Das gilt besonders dann, wenn diese Menschen nicht gleichzeitig die Gabe der Evangelisation haben.
- Das Praktizieren dieser Gabe betrifft – stärker als bei anderen Gaben – alle Lebensbereiche, so z. B. auch das Familien- und Berufsleben. Deshalb sollte jeder, der die Gabe des Missionars hat, sehr sorgfältig überprüfen, welche langfristigen Bindungen er in seinem Leben eingeht.

Tipps zum Trainieren der Gabe

- Benutzen Sie Auslandsaufenthalte bewusst dazu, mit Menschen aus anderen Kulturen in Kontakt zu kommen und mit ihnen gemeinsam zu leben.
- Suchen Sie Kontakt zu Ausländern in Ihrer Umgebung und laden Sie sie zu sich nach Hause ein.
- Suchen Sie nach Gelegenheiten, Ihre Gabe in einem Land zu praktizieren, das besonders auf Missionare angewiesen ist. Angesichts der Tatsache, dass immer noch mehr als 30 Prozent der Weltbevölkerung zu den „unerreichten Völkern" zählen, sollte jeder, der die Gabe des Missionars hat, sehr ernsthaft prüfen, ob er sie nicht in einem solchen Bereich einsetzen sollte.

Fragen

- Was ist der Unterschied zwischen der Gabe des Missionars und der Gabe der Evangelisation?
- „Jeder sollte in die Auslandsmission gehen, wenn Gott ihm nicht klar aufträgt, zu Hause zu bleiben." Was halten Sie von diesem Satz?

Kapitel 5: 30 geistliche Gaben

Die Gabe des Dienens

Diese Gabe befähigt Christen, zu erkennen, wo etwas erledigt werden muss, und sich selbst zur Mitarbeit zur Verfügung zu stellen.

Im Unterschied zur Gabe des Helfens, die sich in der Regel auf eine Einzelperson (häufig Leiter) richtet, kommt die Gabe des Dienens vor allem Gruppen bzw. Institutionen zugute. Menschen mit der Gabe des Dienens haben ein Auge für die Dinge, die angepackt werden müssen – und sie tun sie auch selbst. Jede Gruppe profitiert von Christen, die diese Gabe praktizieren. Die Gaben des Dienens und des Helfens gehören zu den am meisten miteinander kombinierten Gaben: 81 Prozent der Christen, denen Gott die Gabe des Dienens gegeben hat, haben nach unseren Untersuchungen auch „Helfen" als Teil ihrer Gabenkombination.

Bibelstellen

Lukas 10,38-42; **Lukas 22,24-27**; Apostelgeschichte 6,1-7; Römer 12,6-7; 1. Timotheus 3,8-13

Mögliche Aufgaben

Handwerkliche Aufgaben, Gartenarbeit, Gästebetreuung, Kochen/Backen, Raumpflege, Manuskripte tippen, Abholdienst, Babysitten, Cassettendienst ...

Gefahren

- Manche Christen mit dieser Gabe stehen in der Gefahr, dass sie grundsätzlich anderen die Arbeit abnehmen – und diese damit unselbstständig machen.
- In manchen Fällen wird diese Gabe von anderen Christen schamlos ausgenutzt.
- Wer einen Blick dafür hat, anfallende Arbeiten sofort zu entdecken, schaut bisweilen verurteilend auf diejenigen herab, die sich an dieser Stelle schwerer tun – ein Fall von Gabenprojektion (siehe Seite 97).

Tipps zum Trainieren der Gabe

- „Dienen" kann sich in den unterschiedlichsten Tätigkeiten ausdrücken. Arbeiten Sie daran, in dem Bereich, in dem Sie gefordert sind, Ihre Leistung zu steigern. Zum Beispiel: Wenn Sie Ihre Gabe im Sekretariatsbereich praktizieren, arbeiten Sie sich in die Computer-Textverarbeitung ein, etc.
- Wenn Sie diese Gabe haben, dann signalisieren Sie dies Ihrer Gemeindeleitung. Machen Sie deutlich, für welche Art von Diensten Sie bereit stehen. Und: Werden Sie nicht ungeduldig, wenn Ihr Angebot nicht sofort akzeptiert werden sollte.

Fragen

- Welche Aufgaben in Ihrer Gemeinde könnten besser bzw. zusätzlich ausgeführt werden, wenn Christen mit der Gabe des Dienens daran beteiligt wären?
- Was steht dem im Wege, dass in Ihrer Gemeinde konsequent Christen mit dieser Gabe in praktische Arbeiten einbezogen werden?

Die Gabe des Hirtendienstes

Kennzeichnend für die Gabe des Hirtendienstes ist, dass sie sich auf eine Gruppe von Christen bezieht, zu der – im Unterschied zur verwandten Gabe der Seelsorge – eine langfristige Bindung eingegangen wird. Im Gegensatz zu einer weitverbreiteten Auffassung braucht ein Gemeindepastor diese Gabe keineswegs zu haben. Nach unseren Untersuchungen ist die Gabe des Hirtendienstes relativ stark verbreitet: 12 Prozent aller Christen haben sie. Interessant: 43 Prozent aller Christen mit der Gabe des Hirtendienstes haben gleichzeitig Lehren als Teil ihrer Gabenkombination.

Diese Gabe befähigt Christen, langfristig persönliche Verantwortung für das geistliche Wohl einer Gruppe zu übernehmen.

Bibelstellen

Johannes 10,1-15; Apostelgeschichte 20,28-31; Epheser 4,11; 1. Thessalonicher 5,12-13; 1. Timotheus 4,11-16; 1. Petrus 5,1-5; Hebräer 13,7 und 17; Hebräer 13,20-21

Mögliche Aufgaben

Hauskreisleitung, Eingliederung neuer Christen, Gabenberater, Kindergottesdienst, Jugendarbeit, Mitarbeiterschulung ...

Gefahren

- Bisweilen leiten Christen mit dieser Gabe eine Gruppe so, dass sie nach innen hin zwar gut funktioniert, aber kaum aufnahmefähig für neue Mitglieder ist.
- Pastoren, die diese Gabe haben, werden Schwierigkeiten haben, eine Gemeinde mit mehr als etwa 150-200 Gläubigen zu leiten. Die Hirtengabe wird sie dazu führen, zu jedem Christen einen relativ engen Kontakt zu halten – und mit diesem Ansatz ist bei 150-200 Christen die absolute Schallmauer erreicht.

Tipps zum Trainieren der Gabe

- Eine wichtige Aufgabe für Menschen mit der Gabe des Hirtendienstes ist es, anderen dabei zu helfen, ihre geistlichen Gaben zu entdecken und einzusetzen. Nehmen Sie diese Aufgabe wahr!
- Wenn Sie eine Gruppe von Christen leiten, dann suchen sie nach Wegen, wie sich die Gruppe vervielfältigen kann.
- Nehmen Sie Schulungsangebote im Bereich von Seelsorge wahr, da die Gabe der Seelsorge eng mit der des Hirtendienstes verwandt ist.

Tipps zum Trainieren der Gabe

- Warum, meinen Sie, kommt diese Gabe so häufig vor (12 Prozent der Christen haben sie)?
- Die Leitung einer Kleingruppe ist das klassische Einsatzfeld für Menschen mit der Gabe des Hirtendienstes. Haben die Christen in Ihrer Gemeinde, die Kleingruppen leiten, nach Ihrer Einschätzung diese Gabe? Umgekehrt: Gibt es in Ihrer Gemeinde Menschen mit der Gabe des Hirtendienstes, die noch keine dazu passende Aufgabe wahrnehmen?

Die Gabe der Ehelosigkeit

Diese Gabe befähigt Christen, glücklich ohne Ehepartner zu leben, um auf diese Weise dem Reich Gottes besser dienen zu können.

Die Gabe des Missionars und die Gabe der Ehelosigkeit sind die beiden einzigen Gaben, die nur in Kombination mit anderen Gaben sinnvoll praktiziert werden können. Wer die Gabe der Ehelosigkeit hat, wird dadurch seine anderen geistlichen Gaben effektiver ausüben können. Menschen mit dieser Gabe sind unverheiratet glücklicher, als sie es verheiratet wären.

Bibelstellen

Matthäus 19,10-12; 1. Korinther 7,7-8; **1. Korinther 7,32-35;** 1. Timotheus 4,1-5

Mögliche Aufgaben

Da die Gabe der Ehelosigkeit dazu dienen soll, in der Ausübung der anderen Gaben effektiver zu sein, lässt sich ihr theoretisch jede denkbare Aufgabe zuweisen. Besonders wird sie Menschen zugute kommen, die in der Gemeindegründungs-Arbeit und in der Auslandsmission tätig sind, da hier oft ein so hoher Grad an Flexibilität benötigt wird, wie ihn viele Familien nicht aufbringen können.

Gefahren

- Manche Christen, denen Gott die Gabe der Ehelosigkeit gegeben hat, lassen sich durch gesellschaftliche Erwartungen – oft gerade aus dem christlichen Umfeld – zur Ehe drängen. Wer bei sich diese Gabe entdeckt hat, sollte derartigem Druck nicht nachgeben.
- Einige Christen, die Beziehungsschwierigkeiten als Folge psychischer oder sozialer Störungen haben, werden dazu neigen, den *3-Farben-Gabentest* so auszufüllen, dass Ehelosigkeit – fälschlicherweise – als eine ihrer geistlichen Gaben erscheint.
- Manche Christen praktizieren zwar vorbildlich ihre Gabe der Ehelosigkeit, haben sie aber noch nicht als geistliche Gabe erkannt. Deshalb haben sie – fälschlicherweise – ständig den Gedanken im Kopf, irgendetwas sei in ihrem Leben nicht in Ordnung.
- Auch Menschen, die die Gabe der Ehelosigkeit haben, sind nicht gegen sexuelle Versuchungen immun. Sie sollten sich an dieser Stelle nicht überschätzen.

Tipps zum Trainieren der Gabe

- Sagen Sie sich jeden Tag neu: „Dies ist meine geistliche Gabe." Allein diese Erkenntnis hat schon viele Christen in ihrem Dienst wesentlich effektiver gemacht.
- Lernen Sie von anderen Christen, die die Gabe der Ehelosigkeit haben, wie diese mit ihr zu leben gelernt haben.

Fragen

- Halten Sie das Zölibat in der katholischen Kirche für einen guten Ansporn, die Gabe der Ehelosigkeit zu leben? Begründen Sie Ihre Meinung.
- Ist eine besondere geistliche Gabe notwendig, um zu heiraten?

Die Gabe des Lehrens

Kennzeichnend für die Gabe des Lehrens ist die Tatsache, dass andere tatsächlich lernen. „Gelehrsamkeit" kann ein mögliches Indiz für die Gabe der Erkenntnis sein (siehe Seite 107), ist aber nicht mit der Gabe des Lehrens zu verwechseln. Menschen mit der Gabe des Lehrens sind ganz auf die Fragen und Probleme ihrer Zuhörer konzentriert und schaffen es, ihr Wissen interessant und abwechslungsreich zu vermitteln.

Diese Gabe befähigt Christen, Dinge, die für die Gesundheit der Gemeinde relevant sind, in einer Weise zu vermitteln, dass andere Menschen lernen.

Bibelstellen

Apostelgeschichte 18,24-28; Römer 12,6-7; 1. Korinther 12, 28-29; Epheser 4,11-14; **Jakobus 3,1**

Mögliche Aufgaben

Hauskreisarbeit, Seminare, Mitarbeiterschulung, Bibelstunden, Konfirmandenunterricht, Gemeindeaufbau-Training ...

Gefahren

- Lehrer werden nach den Worten der Bibel ein „härteres Urteil" als andere empfangen (Jak. 3,1). Wer immer bei sich diese Gabe ausfindig gemacht hat, muss also nach Wegen suchen, sie sehr verantwortlich einzusetzen.
- Manche Lehrer können zwar hervorragend eine Menge von Einsichten vermitteln, praktizieren aber selbst nicht, was sie lehren.

Tipps zum Trainieren der Gabe

- Planen Sie bewusst sehr viel Zeit für Studium und Vorbereitung ein. Wenn Sie die Gabe des Lehrens haben, bedeutet das nicht, dass Sie mit weniger Vorbereitungszeit auskommen als andere.
- Achten Sie darauf, dass Sie Ihr Leben lang selbst ein „Lernender" bleiben. Es gibt kaum etwas Langweiligeres als Menschen, die ständig die gleiche Platte abspielen, denen man abspürt, dass sie selbst keine Fortschritte in der Erkenntnis machen.
- Beschäftigen Sie sich gründlich mit Methoden der Bibelauslegung. Achten Sie besonders darauf, wie sich Worte der Bibel praktisch auf die Situation der Zuhörer anwenden lassen.
- Lesen Sie Bücher über Pädagogik, Didaktik und Kommunikation. Beschäftigen Sie sich mit dem Einsatz von visuellen Hilfsmitteln (Overhead, Flipcharts, Computersimulationen etc.).

Fragen

- Warum sagt Ihrer Meinung nach die Bibel, dass Lehrer ein härteres Urteil als andere empfangen werden?
- Gehen Sie einmal die Lehrer, Professoren, Pastoren, die Sie kennen, durch. Wer von ihnen hat Ihrer Meinung nach die Gabe des Lehrens? Woran haben Sie das erkannt?

Kategorie 3: der blaue Farb-Bereich

Die im blauen Farb-Bereich aufgeführten Gaben demonstrieren die übernatürliche Kraft Gottes. Viele von ihnen übersteigen die Naturgesetze, um Gottes Macht über seine Schöpfung zu zeigen und Menschen zu dienen, deren Nöten auf natürliche Weise allein nicht Rechnung getragen werden könnte.

Die im blauen Farb-Bereich aufgeführten Gaben demonstrieren die übernatürliche Kraft Gottes.

- *Eine Untergruppe dieser Gabenkategorie bringt in besonderer Weise **bedingungsloses Vertrauen** zu Gott zum Ausdruck. Während Vertrauen zu Gott für jeden Christen kennzeichnend sein sollte, ist dies bei Menschen mit den entsprechenden Gaben sehr viel stärker ausgeprägt:*

❒ *Glaube*

❒ *Gebet*

❒ *Leidensbereitschaft*

- *Eine zweite Untergruppe befähigt Menschen, **Botschaften von Gott** weiterzugeben:*

❒ *Unterscheidung*

❒ *Auslegung*

❒ *Prophetie*

❒ *Zungenreden*

- *Eine dritte Untergruppe schließlich bezieht **Gottes übernatürliche Kraft** auf besondere Nöte:*

❒ *Befreiung*

❒ *Heilung*

❒ *Wundertaten*

Die Gabe der Befreiung

Diese Gabe befähigt Christen, durch gebietende Worte Menschen von dämonischen Bindungen zu befreien.

Jedem Christen ist Macht über böse Geister gegeben (Mk. 16,15-18). Aber die Erfahrung zeigt, dass es einige Christen gibt, die Gott im Befreiungsdienst sehr viel stärker gebraucht als andere. Achtung: Die Gabe der Unterscheidung der Geister (siehe Seite 126) sollte in jeder Gruppe vorhanden sein, die im Befreiungsdienst engagiert ist.

Bibelstellen

Matthäus 10,1; Matthäus 12,28-29 und 43-45; Markus 5,1-20; Markus 9,28-29; Markus 16,17; **Lukas 10,17-20**; Apostelgeschichte 8,5-8; Apostelgeschichte 16,16-18; Apostelgeschichte 19,13-16

Mögliche Aufgaben

Befreiungsdienst, Segnungsteam, Evangelisationsveranstaltungen, Randgruppenarbeit, Seelsorge, Auslandsmission ...

Gefahren

- Bisweilen neigen Christen, die die Gabe der Dämonenaustreibung haben, dazu, auch an solchen Stellen dämonische Belastungen zu wittern, wo keine im Spiel sind. Sie können bei den Menschen, mit denen sie beten, auf diese Weise großen Schaden anrichten.
- Gerade für Christen, die regelmäßig im Befreiungsdienst stehen, ist die übermäßige Beschäftigung mit dem Dämonischen eine Gefahr.

Tipps zum Trainieren der Gabe

- Führen Sie diesen Dienst gemeinsam mit Menschen durch, die viel Erfahrungen auf diesem Gebiet haben. Fragen Sie sie hinterher, warum sie sich so verhalten haben, wie Sie es bei ihnen beobachten konnten.
- Bitten Sie Gott, dass er Ihnen die Gabe der Unterscheidung der Geister schenkt, auf die Sie im Befreiungsdienst dringend angewiesen sind.
- Ganz wichtig: Machen Sie von dem Schutz einer christlichen Gemeinschaft Gebrauch, die regelmäßig für Ihren Dienst betet. Machen Sie vom Schutz der „Waffenrüstung Gottes" (Eph. 6,11-17) Gebrauch.

Fragen

- Können Sie sich vorstellen, dass es heute Dämonen gibt? Haben Sie schon erlebt, wie sich dämonische Einflüsse bemerkbar gemacht haben?
- Können Christen dämonisch belastet sein? Begründen Sie Ihre Meinung.

Kapitel 5:
30 geistliche Gaben

Die Gabe der Unterscheidung

Diese Gabe befähigt Christen, zu erkennen, ob ein bestimmtes Verhalten göttlichen, menschlichen oder satanischen Ursprungs ist.

Die Gabe der Unterscheidung ist Teil von Gottes Vorsehung, Christen vor Irrtum zu bewahren. Sie kann sich zum einen darin äußern, dass sie Christen auf natürlicher Ebene befähigt, Wahrheit und Irrtum voneinander zu unterscheiden; zum anderen darin, dass sie Einblick in die Wurzeln von Wahrheit und Irrtum, also in die übernatürliche Welt, vermittelt.

Bibelstellen

Matthäus 16,22-23; Apostelgeschichte 5,1-10; Apostelgeschichte 8,18-24; Apostelgeschichte 13,6-12; **Apostelgeschichte 16,16-22**; 1. Korinther 12,10; 1. Thessalonicher 5,19-22; 1. Johannes 4,1-6

Mögliche Aufgaben

Kommunikation/Pressearbeit, Seelsorge, Befreiungsdienst, Randgruppenarbeit, Kirchenvorstand, Evangelisationsveranstaltungen, Predigtdienst, Segnungsdienst, Langzeitplanung ...

Gefahren

- Manche Christen, denen Gott diese Gabe gegeben hat, neigen dazu, sie lieblos und hartherzig zu praktizieren. Andere wiederum setzen diese Gabe nicht zum Aufbau der Gemeinde ein. Sie haben Schwierigkeiten, andere Menschen mit der Wahrheit zu konfrontieren.
- Auch wer die Gabe der Unterscheidung hat, kann irren. Es ist eine große Gefahr, wenn sich Christen, die diese Gabe haben, mit dem Flair der Unfehlbarkeit umgeben.
- Bisweilen neigen Menschen mit der Gabe der Unterscheidung zu einem „Kritikgeist", der dahin führen kann, dass sie schließlich an allem etwas auszusetzen haben.

Tipps zum Trainieren der Gabe

- Gründliche Bibelkenntnis ist eine unbedingte Voraussetzung für die Ausübung der Gabe.
- Achten Sie darauf, dass die Praktizierung Ihrer Gabe von anderen Christen begleitet und immer wieder neu bestätigt wird.
- Bemühen Sie sich, Ihre Gabe mit besonders viel Sensibilität und Liebe auszuüben. Wann immer Sie ihre Gabe praktizieren, bitten Sie Gott um diese Sensibilität.

Fragen

- Angenommen, im Gottesdienst Ihrer Gemeinde stünde ein Gemeindeglied auf und sagte: „Dieser Teil der Predigt entspricht nicht dem Wort Gottes!" Was würde passieren?
- An welchen Stellen wird in Ihrer Gemeinde die Gabe der Unterscheidung ausgeübt?

Die Gabe des Glaubens

Während jeder Christ die Aufgabe hat, in allen Fragen Christus zu vertrauen, hat Gott einigen die besondere Gabe des Glaubens gegeben. Sie haben im wahrsten Sinne des Wortes den Glauben, „der Berge versetzt" (Mt. 17,20). Sie schrecken selbst vor großen Risiken nicht zurück, wenn sie der Überzeugung sind, dass eine bestimmte Sache Gottes Wille ist. Menschen mit dieser Gabe sind oft Visionäre, die eine neue Entwicklung einleiten.

Diese Gabe befähigt Christen, mit einem außergewöhnlichen Maß an Zuversicht den Willen Gottes für die zukünftige Entwicklung zu erkennen.

Bibelstellen

Matthäus 8,5-13; Matthäus 17,20b; Matthäus 21,18-22; **Römer 4,18-21**; 1. Korinther 12,9; Jakobus 1,5-8

Mögliche Aufgaben

Gebetsgruppenleiter, Kirchenvorstand, Langzeitplanung, Gemeindegründung, Ideenteam, Kirchenleitung, Gemeindeleitung, Evangelisation, Auslandsmission ...

Gefahren

- Bei Menschen mit der Gabe des Glaubens äußert sich die Gefahr der Gabenprojektion (siehe Seite 97) so, dass sie dazu neigen, Menschen, die diese Gabe nicht haben, für „kleinkariert" zu halten.
- Einige sind nicht in der Lage, es sich einzugestehen, wenn ihre Ziele und „Visionen" nicht Wirklichkeit geworden sind.
- Weil Menschen mit der Gabe des Glaubens die besondere Gewissheit haben, mit dem Willen Gottes in Einklang zu stehen, interpretieren sie bisweilen Kritik an sich selbst als Kritik an Gott – und reagieren dementsprechend allergisch darauf.

Tipps zum Trainieren der Gabe

- Machen Sie sich zur Angewohnheit, über Gebetserhörungen genau Buch zu führen. Dadurch kann Ihr Glaube weiter wachsen.
- Machen Sie bewusste Anstrengungen, mit Kritik besser umzugehen.
- Suchen Sie die Gemeinschaft mit Menschen, die wie Sie die Gabe des Glaubens haben.
- Geben Sie zu, wenn Sie eine Lage falsch eingeschätzt haben. Hüten Sie sich vor Übertreibungen.
- Studieren Sie Gestalten der Bibel, denen Gott die Gabe des Glaubens gegeben hat: zum Beispiel Abraham, Joseph, Mose, Elia, Elisa, Samuel.

Fragen

- Denken Sie an einige Menschen, die die Gabe des Glaubens haben. Fühlen Sie sich in Ihrer Gegenwart eher motiviert oder frustriert?
- Menschen mit der Gabe des Glaubens werden von anderen oft für „Träumer" gehalten. Halten Sie es für richtig, solche Menschen in Leitungspositionen zu berufen? Haben die Christen, die in Ihrer Gemeinde/Kirche Verantwortung tragen, Ihrer Einschätzung nach diese Gabe?

Kapitel 5: 30 geistliche Gaben

Die Gabe der Heilung

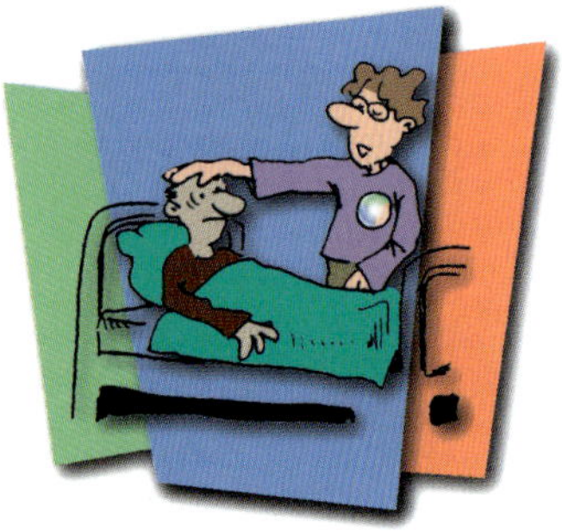

Diese Gabe befähigt Christen, als menschliche Werkzeuge zu dienen, durch die Gott ohne den Einsatz von medizinischen Mitteln die Gesundheit kranker Menschen wieder herstellt.

Während die Bibel alle Gläubigen auffordert, für Kranke zu beten (Mk. 16,18), hat Gott einigen die besondere Gabe der Heilung geschenkt. Er benutzt die Gebete dieser Menschen besonders häufig, um Heilung zu schenken. Gott ist es, der heilt – der Mensch kann nur dafür beten. Die Gabe der Heilung kann in unterschiedlichen Variationen (siehe Seite 46) auftreten. So gibt es zum Beispiel Menschen, die Gott besonders auf dem Gebiet der Heilung seelischer Verletzungen („innere Heilung") gebraucht.

Bibelstellen

Markus 2,1-12; Markus 8,22-26; Markus 16,17-18; Johannes 9,1-12; Johannes 14,12-14; Apostelgeschichte 3,1-8; Apostelgeschichte 14,8-15; Apostelgeschichte 28,8-9; 1. Korinther 12,9 und 28-30; **Jakobus 5,14-15**

Mögliche Aufgaben

Segnungsdienst, Gebetsteam, Seelsorge, Krankenbesuche ...

Gefahren

- Es gibt Christen, die die Meinung vertreten, ausbleibende Heilung sei in jedem Fall ein Zeichen für fehlenden Glauben. Diese Lehre kann Menschen in tiefe Verzweiflung stürzen.
- Wir sollten uns davor hüten, die Möglichkeit übernatürlicher Heilung gegen den Einsatz der Medizin auszuspielen.

Tipps zum Trainieren der Gabe

- Wer eine Zeit lang in seinem Gebetsdienst für Kranke keine Heilung erlebt, sollte deswegen nicht resignieren und aufgeben. Bisweilen kommen Durchbrüche erst nach Monaten des geduldigen Gebets.
- Beten Sie, wann immer es möglich ist, im Team mit anderen für Kranke. Das gibt Ihnen die Möglichkeit, sich hinterher über die gemachten Erfahrungen auszutauschen.
- Schreiben Sie die Erfahrungen, die Sie im Gebet mit Kranken machen, auf. Das wird Ihnen dabei helfen, Gesetzmäßigkeiten zu erkennen und zu sehen, in welcher Art und Weise Gott Sie gebrauchen möchte.

Fragen

- Haben Sie in Ihrem Freundes- oder Bekanntenkreis schon von übernatürlichen Heilungen gehört? Haben Sie eher mit Freude oder mit Skepsis auf solche Nachrichten reagiert?
- Kennen Sie Fälle, in denen Menschen trotz Heilungsgebets nicht gesund wurden? Wie haben Sie diese Erfahrungen eingeordnet?

Die Gabe der Auslegung

Kapitel 5: 30 geistliche Gaben

Manche Christen, die die Gabe der Auslegung haben, legen die Zungenrede eines anderen aus, manche auch ihre eigene. Ohne eine Auslegung ist die öffentliche Zungenrede (siehe Seite 134) nach den Aussagen des Neuen Testaments bedeutungslos (1. Kor. 14,27-28). Nach unseren Untersuchungen haben 82 Prozent der Christen, die die Gabe der Auslegung haben, auch die Gabe der Prophetie.

Diese Gabe befähigt Christen, die Botschaft, die jemand in Zungen gegeben hat, in einer allgemein verständlichen Sprache wiederzugeben.

Bibelstellen

1. Korinther 12,10; 1. Korinther 12,27-31; 1. Korinther 14,1-5; 1. Korinther 14,12-19; **1. Korinther 14,26-28**

Mögliche Aufgaben

Gebetskreis, geistliche Kampfführung ...

Gefahren

- Da diese Gabe oft im engen Zusammenhang mit einem prophetischen Wort steht, das Menschen als Wort von Gott besonders nah an sich heran kommen lassen, kann ein leichtfertiger Umgang mit der Auslegung des Zungenredens großen Schaden anrichten.
- Sie sollten diese Gabe nicht in großen Veranstaltungen einsetzen, sofern sie nicht zuvor in einem kleineren Kreis bestätigt wurde.

Tipps zum Trainieren der Gabe

- Wann immer ein Christ die Gabe des öffentlichen Zungenredens praktiziert, bitten Sie Gott, er möge Ihnen eine Auslegung zeigen.
- Wenn in Ihrer eigenen Gemeinde diese Gabe nicht praktiziert wird, dann besuchen Sie hin und wieder Veranstaltungen, in denen Sie Gelegenheit haben, diese Gabe auszuüben.
- Sprechen Sie einen Christen, der schon länger Erfahrung mit dieser Gabe hat, darauf an, ob die von Ihnen gegebene Auslegung deckungsgleich mit der ist, die er gegeben hätte.

Fragen

- Muss nach den Worten der Bibel jede Zungenrede ausgelegt werden?
- Woran liegt es Ihrer Meinung nach, dass diese Gabe in manchen Gemeinden vorkommt, in anderen nicht?

Kapitel 5: 30 geistliche Gaben

Die Gabe der Wundertaten

Diese Gabe befähigt Christen, als menschliche Werkzeuge zu dienen, durch die Gott machtvolle Taten vollbringt, die die Naturgesetze durchbrechen.

Während die Gabe der Heilung nicht notwendigerweise das Durchbrechen von Naturgesetzen beinhaltet (es geht hier lediglich darum, dass ein Mensch ohne den Einsatz medizinischer Mittel gesund wird), ist es kennzeichnend für die Gaben der Wundertaten, dass Naturgesetze – in den Augen der Beobachter – gebrochen werden. Wann immer Gott durch diese Gabe ein Wunder vollbringt, ist es sein Ziel, seinem Volk eine bestimmte Botschaft zu vermitteln.

Bibelstellen

2. Mose 14,21-31; 1. Könige 18,21-40; Matthäus 14,28-33; Matthäus 24,23-24; Lukas 10,17-20; Johannes 14,2-14; Apostelgeschichte 9,36-42; Apostelgeschichte 19,11; **Apostelgeschichte 20,9-12;** Römer 15,18-19; 1. Korinther 12,10 und 28; 2. Korinther 12,12

Mögliche Aufgaben

Auslandsmission, geistliche Kampfführung, Gebetsdienst ...

Gefahren

• Manche Christen, denen Gott die Gabe der Wundertaten gegeben hat, missbrauchen sie zu Show-Zwecken und zur Selbstverherrlichung, anstatt sie zu Gottes Ehre einzusetzen.

• Umgekehrt: In manchen – auch christlichen – Kreisen stößt diese Gabe auf derartig viel Skepsis, dass Christen, die sie haben, sie nicht praktizieren und schon gar nicht darüber reden.

• Manche Christen, die in diesem Bereich Erfahrungen machen, neigen dazu, bei späteren Erzählungen zu übertreiben. Seien Sie also ganz ehrlich – und stapeln Sie eher ein wenig tief.

Tipps zum Trainieren der Gabe

- Wer anfängt, mit der Gabe der Wundertaten Erfahrungen zu machen, sollte die Herausforderung suchen, mit Christen in nichtwestlichen Kulturen in Kontakt zu kommen. Von ihnen kann er viel über die praktische Bedeutung dieser Gabe lernen.
- Wer von geschehenen Wundertaten zu berichten hat, sollte sich vorher über die Art und Weise der Vermittlung sehr gründlich Gedanken machen. Je präziser und nüchterner die Geschehnisse erzählt werden, desto besser!

Fragen

- Worin liegt der Unterschied zwischen der Gabe der Wundertaten und der Gabe der Heilung?
- Sind Sie schon konkreten Beispielen für die Ausübung dieser Gabe begegnet? Wie hat das auf Sie gewirkt?

Die Gabe des Gebets

Kapitel 5: 30 geistliche Gaben

Diese Gabe befähigt Christen, über längere Zeiträume hinweg für bestimmte Anliegen zu beten und in stärkerem Maße als andere Gebetserhörungen zu erleben.

Die Gabe des Gebets gehört zu den geistlichen Gaben, die nicht – zumindest nicht ausdrücklich – in der Bibel als „Charisma" erwähnt sind. Aber die Erfahrung zeigt, dass es Christen gibt, die offensichtlich auf diesem Gebiet eine besondere Vollmacht haben. Während es Aufgabe eines jeden Christen ist, zu beten, können diese Menschen mehrere Stunden hintereinander im intensiven Gebet verbringen und diese Zeit ungemein genießen.

Bibelstellen

Daniel 6,11-12; Daniel 9,1-4; **Lukas 11,1-13**; Apostelgeschichte 16,19-34; Kolosser 4,12-13; 1. Timotheus 2,1-4; Jakobus 5, 16-18

Mögliche Aufgaben

Gebetskreise, Leitung von Gebetsnächten, geistliche Kampfführung, Gebetsketten, Fürbitte für konkrete Anliegen, Gebetsdienst bei Veranstaltungen ...

Gefahren

- Manche Christen, die die Gabe des Gebets haben, machen anderen, die diese Gabe nicht haben, ein schlechtes Gewissen – so als seien sie weniger geistlich.
- Manche engagierte Beter, die viele Erfahrungen mit konkreten Gebetserhörungen gemacht haben, neigen dazu, „Beten" gegen „Handeln" auszuspielen.

Tipps zum Trainieren der Gabe

- Lassen Sie sich konkrete Gebetsanliegen aus Ihrer Gemeinde geben. Und führen Sie Buch darüber, wofür Sie beten und wann es zu einer Gebetserhörung kommt.
- Legen Sie sich auf eine bestimmte Zeit pro Tag fest, die Sie dem Gebet widmen. Suchen Sie sich bestimmte Zeiten im Jahr, in denen Sie über einen längeren Zeitraum fasten und beten.
- Schaffen Sie sich in Ihrer Wohnung einen festen „Gebetsplatz". Sorgen Sie dafür, dass Sie hier wirklich von Telefon und Menschen ungestört bleiben.

Fragen

- Ist für Sie Gebet eher Arbeit oder Entspannung? Beschreiben Sie Ihre Gefühle während der letzten ausführlicheren Gebetszeit, die Sie erlebt haben.
- Was sind Ihre Gefühle, wenn Sie von Menschen hören, die jeden Tag mehrere Stunden im Gebet verbringen? Reagieren Sie darauf eher positiv oder negativ? Warum?

Kapitel 5: 30 geistliche Gaben

Die Gabe der Prophetie

Diese Gabe befähigt Christen, eine Botschaft Gottes für sein Volk unmittelbar durch den Heiligen Geist zu empfangen und weiterzugeben.

Im Unterschied zum populären Sprachgebrauch zeigt sich diese Gabe nicht in erster Linie darin, dass zukünftige Ereignisse vorhergesehen werden. Vielmehr befähigt sie Menschen, eine Botschaft von Gott in eine ganz konkrete Situation hinein zu sagen. Manche Christen benutzen Begriffe wie „Wort der Erkenntnis", „Wort der Weisheit", „Bild" oder „Vision" für das, was hier als Gabe der Prophetie bezeichnet wird.

Bibelstellen

5. Mose 13,1-6; 5. Mose 18,18-22; 1. Samuel 3,1-21; Matthäus 7,15-20; Matthäus 24,11 und 23-24; Apostelgeschichte 15,32; 1. Korinther 12,28-29; 1. Korinther 14,3 und 22-40; 2. Petrus 1,19-21; **1. Johannes 4,1-6**; Offenbarung 1,1-3

Mögliche Aufgaben

Evangelisationsveranstaltungen, Langzeitplanung, Randgruppenarbeit, Pressearbeit, Segnungsdienst, Gottesdienste, Seelsorge, Hauskreise, Auslandsmission, Gebetskreise ...

Gefahren

• Wer eine prophetische Gabe hat, ist damit nicht aller Kritik enthoben. Im Gegenteil: Die Bibel sagt, dass Propheten von der Gemeinde geprüft werden müssen (1. Kor. 14,29).

• Menschen, die die prophetische Gabe noch nicht lange haben, fällt es oft schwer, zu unterscheiden, wer der Adressat ihrer Botschaft sein soll: sie selbst, ihre Gemeinde oder eine andere Gruppe.

Tipps zum Trainieren der Gabe

- Wenn Sie noch nicht viel Erfahrung mit der Gabe haben, dann legen Sie Ihre Eindrücke – am besten schriftlich – erfahrenen Christen vor, die die Gabe der Unterscheidung haben.
- Wer diese Gabe praktiziert, muss sich eine solide Bibelkenntnis aneignen, um noch besser zwischen göttlicher Inspiration und eigenen Lieblingsideen unterscheiden zu lernen.
- Beschäftigen Sie sich mit den derzeitigen gesellschaftlichen Entwicklungen. Je umfassender Sie informiert sind, desto besser kann Gott Sie gebrauchen, gezielt in eine bestimmte Situation hinein zu sprechen.

Fragen

- Was halten Sie von der These: „Bei uns im Gottesdienst wird jeden Sonntag, wenn der Pfarrer predigt, die Gabe der Prophetie ausgeübt"?
- Manche Christen sagen: „Seitdem es das Neue Testament gibt, ist die Gabe der Prophetie nicht mehr erforderlich und folglich auch nicht mehr vorhanden." Was halten Sie davon?

Die Gabe der Leidensbereitschaft

Die Gabe der Leidensbereitschaft umfasst mehr als die Bereitschaft, für Christus in den Tod zu gehen, obwohl sie diese Dimension durchaus mit einschließen kann. Während jeder Christ durch Leidenserfahrungen geführt wird, gibt Gott einigen Christen die besondere Gabe, inmitten von noch viel stärkerem Leid eine siegreiche Lebenseinstellung behalten zu können. Der bekannte Satz: „Das Blut der Märtyrer ist die Saat der Gemeinde" veranschaulicht die Beziehung, die diese geistliche Gabe zum Gemeindewachstum hat.

Diese Gabe befähigt Christen, um des Glaubens willen Leiden auf sich zu nehmen und dabei eine freudige und siegreiche Lebenseinstellung zu bewahren.

Bibelstellen

Matthäus 5,10-12; **Apostelgeschichte 7,54-60**; Apostelgeschichte 8,1-4; Apostelgeschichte 20,22-24; Apostelgeschichte 21,4-14; 1. Korinther 13,1-3; 2. Korinther 1,8-11; 2. Korinther 11,21b-33; 2. Korinther 12,9-10; Philipper 1,12-14; 1. Petrus 2, 20-25; 1. Petrus 4,12-16

Mögliche Aufgaben

Fürbitte, Auslandsmission, Pionierarbeit ...

Gefahren

- Manche Christen mit der Gabe der Leidensbereitschaft erwarten auch von denjenigen, die diese Gabe nicht haben, dass sie enorme Risiken eingehen – ein typischer Fall von Gabenprojektion (siehe Seite 97).
- Neben der geistlichen Gabe der Leidensbereitschaft gibt es auch das, was Psychologen als „Märtyrerkomplex" bezeichnen – eine krankhafte Haltung. Beides muss sorgfältig voneinander unterschieden werden.
- Eine der größten Gefahren für Menschen, die die Gabe der Leidensbereitschaft haben, droht von ihren Freunden: Sie könnten (weil sie es „gut mit ihnen meinen") geneigt sein, sie davon abzuhalten, sich gefährlichen Situationen zu stellen.

Tipps zum Trainieren der Gabe

- Stellen Sie sich bewusst Situationen, die andere Christen als zu gefährlich betrachten würden.
- Achten Sie ganz besonders darauf, dass Ihre persönliche Beziehung zu Gott intensiv ist. Das wird Ihnen auch in Zeiten des Leidens enorme Kraftreserven erschließen.

Fragen

- Die Übersetzung des griechischen Wortes *martys* kann sowohl „Märtyrer" als auch „Zeuge" heißen. Welche Beziehung haben diese beiden Begriffe zueinander?
- Kennen Sie Menschen, deren Leidenserfahrungen Ihnen in Ihrem Glauben Kraft gegeben haben?

Die Gabe des Zungenredens

Diese Gabe befähigt Christen, entweder in ihrer persönlichen Gebetszeit oder in der Öffentlichkeit eine Sprache zu benutzen, die sie nie gelernt haben.

Die Gabe des Zungenredens kommt in zwei unterschiedlichen Variationen vor: als persönliche Gebetssprache (a) und als „öffentliches Zungenreden" (b). Die zweite Variation ist nach biblischer Anweisung (1. Kor. 14,27-28) nur dann zu praktizieren, wenn sie auch ausgelegt wird. Achtung: Innerhalb des *3-Farben-Gabentests* wird die Gabe des Zungenredens wie jede andere Gabe behandelt. Christen, die hin und wieder einmal in Zungen beten, werden „Zungenreden" wahrscheinlich nicht unter ihren „manifesten Gaben" finden. Die Gabe wird nur dann im Bereich der „manifesten Gaben" erscheinen, wenn sie ein wesentlicher Teil ihres geistlichen Lebens ist.

Bibelstellen

Markus 16,17; Apostelgeschichte 2,1-13; Apostelgeschichte 10, 44-48; **Apostelgeschichte 19,1-7**; Römer 8,26-27; 1. Korinther 12,10 und 28-30; 1. Korinther 14,4-6 und 26-28

Mögliche Aufgaben

Segnungsdienst, Gebetskreis, geistliche Kampfführung ...

Gefahren

- Manche Christen, die in Zungen beten können, schämen sich für diese Gabe. Sie würden anderen gegenüber niemals zugeben, dass sie sie haben.
- Zungenreden gehört zu den am meisten „projizierten" geistlichen Gaben (siehe Seite 97). Wer diese Gabe hat, empfindet das Zungenreden als so einfach und natürlich, dass er bisweilen anderen sagt: „Das kannst du auch."
- Einige der Gruppen, die Zungenreden als Beweis für die „Taufe im Heiligen Geist" verstehen, sprechen Christen, die diese Gabe nicht haben, ihre geistliche Vollmacht ab.

Tipps zum Trainieren der Gabe

- Wenn Sie die Gabe des Zungenredens haben, dann setzen Sie sie auch häufig ein, besonders in ihrer persönlichen Gebetszeit. Verschiedene Christen berichten davon, wie sich ihre Gabe bei zunehmendem Gebrauch immer weiter entwickelte.
- Viele Christen haben gute Erfahrungen damit gemacht, diese Gabe innerhalb der geistlichen Kampfführung einzusetzen.

Fragen

- Woran liegt es Ihrer Meinung nach, dass manche Christen davon ausgehen, es gäbe die Gabe des Zungenredens heute nicht mehr?
- Wozu könnte die Gabe des Zungenredens in Ihrem Leben nützlich sein?

Kapitel 6: Antworten 6

Die häufigsten Fragen

Das hier vorgelegte Verständnis von geistlichen Gaben hat seit Erscheinen der ersten Auflage der Vorgängerversion dieses Buches eine breite Diskussion ausgelöst. Die folgenden Fragen und Antworten basieren zum größten Teil auf Tonbandmitschnitten von Gabenseminaren, zum Teil aber auch auf Briefen und E-mails, die in den letzten Jahren bei mir eingegangen sind.

Gemeinden wollen sich gar nicht ändern

Sie schlagen vor, dass Gemeinden, die zum Beispiel im grünen Farb-Bereich stark, aber im blauen oder roten schwach sind, sich darum bemühen sollten, nun in diese „neuen" Bereiche hineinzuwachsen. Aber die meisten Gemeinden, mit denen ich zu tun habe, haben nicht das geringste Bedürfnis, so etwas zu tun. Sie sind stolz darauf, dass sie so sind, wie sie sind, und sehen die anderen Farben eher als Bedrohung.

Die überwältigende Mehrheit von Gemeinden, die ich kenne, ist sehr wohl daran interessiert, neue Horizonte zu entdecken.

Ich kenne auch solche Gemeinden. Wenn es keinerlei Wunsch gibt, etwas zu verbessern, dann besteht natürlich auch keine Chance, die Art von qualitativem Wachstum, von dem ich hier rede, zu erleben. Wenn ich mit einer solchen Gemeinde zu tun habe, ist meine Botschaft diese: „Ihr müsst entscheiden, was gut für euch ist, nicht ich." Natürlich mag ich persönlich lieber Gemeinden, die begierig sind, etwas Neues zu lernen, und offen, in Bereiche vorzudringen, in denen sie sich noch nicht so stark fühlen. Ich bin davon überzeugt, dass diese Haltung, sei es bei einzelnen Christen oder ganzen Gemeinden, biblischer ist, attraktiver und dazu auch noch mehr Freude macht als die sture Auffassung: „Es gibt absolut nichts, was ich möglicherweise in Zukunft dazulernen könnte."

Ich stimme Ihnen jedoch nicht zu, dass die *meisten* Gemeinden so sind. Die überwältigende Mehrheit von Gemeinden, die ich kenne, ist sehr wohl daran interessiert, neue Horizonte zu entdecken. Die gute Nachricht ist, dass niemand von uns diejenigen Bereiche, in denen wir bereits stark sind und in denen wir uns wohl fühlen, verlassen muss. Die Frage, um die es geht, lautet schlicht: „Gibt es bei uns möglicherweise unterentwickelte Bereiche, die, wenn wir ihnen mehr Aufmerksamkeit schenken würden, unseren Dienst vollmächtiger, freudiger und effektiver machen könnten?" Ich glaube nicht, dass diese Frage etwas sehr Bedrohliches ist.

Farbschema wird der Realität nicht gerecht

Auf den ersten Blick wirkt Ihr Schema mit den drei Farben recht überzeugend, aber es wird einfach nicht der Realität gerecht. Ich kenne zum Beispiel einen typischen Liberalen (nach Ihrem Schema wäre er ein Teil des grünen Farb-Bereichs), der genau die Verhaltensweisen dessen zeigt, was Sie im Farb-Kompass als „Manipulierer" bezeichnen (was wiederum eine typische Gefährdung des roten Farb-Bereichs wäre). Ich gehöre selbst zu einer charismatischen Gemeinde (blauer Bereich), aber als ich den Farb-Kompass machte, stellte ich fest, dass ich ein „ausgebrannter" Christ bin (was bedeuten würde, dass ich im blauen Bereich schwach bin). Ähnliches habe ich bei vielen anderen Gemeindegliedern beobachtet.

Was Sie beschreiben, ist alles andere als untypisch. Auch wenn es innerhalb verschiedener christlicher Traditionen gewisse Neigungen zu einer oder auch zwei der Farben gibt, bedeutet das nicht, dass jeder einzelne Christ innerhalb einer bestimmten Tradition nun in jedem Aspekt der Farbe seiner Gemeinde entsprechen würde. Zum Beispiel sind längst nicht alle Mitglieder evangelikaler Gemeinde ausschließlich im roten Bereich stark, nicht alle Charismatiker sind im blauen Bereich stark, und nicht alle Liberalen im grünen Bereich. So funktioniert das Leben einfach nicht, und ich bin Gott dankbar dafür! Ich kenne sogar ganze charismatische Gemeinden, deren größtes Farb-Defizit im blauen Bereich liegt, und evangelikale Gemeinden, deren größte Stärke der grüne Farb-Bereich ist, etc. Wenn eine Gemeinde so ein Ergebnis bekommt, ist es wichtig, es sorgfältig auszuwerten. Ihre Interpretation sollte so farbig sein wie das Leben selbst, und nicht schwarz-weiß. Bei dieser Auswertung sollten Sie zwischen der grundsätzlichen theologischen Orientierung und dem tatsächlichen Leben der Gemeinde unterscheiden. Unser Drei-Farben-Schema bezieht sich auf beide Bereiche, was viel zu den interessanten Resultaten beiträgt.

Verschiedene Farben in unterschiedlichen Tests

Im Farb-Kompass habe ich „Weisheit" (grünes Segment) als meinen größten Schwachpunkt herausgefunden. Auf der anderen Seite sind vier meiner fünf manifesten Gaben im grünen Farb-Bereich: Gastfreundschaft, Barmherzigkeit, künstlerische Kreativität und Musik. Wie passt das zusammen?

Eigentlich ganz gut! Sie sollten nicht erwarten, in jedem Test auf die gleichen Farben zu stoßen. Es gibt zum Beispiel Christen, die ihre Gaben vor allem im blauen Farb-Bereich haben, aber ihr größtes Defizit ist Vollmacht. Andere Christen haben Gaben im roten Bereich, aber ihnen fehlt es am Engagement. Und wieder andere haben Gaben im grünen Bereich, aber sie sind alles andere als weise. Der *3-Farben-Gabentest* und der *Farb-Kompass* sind aus gutem Grund zwei verschiedene Instrumente. Das erste testet die Gaben, die Sie haben, und das zweite macht Ihnen Vorschläge für weiteres geistliches Wachstum. Bisweilen stimmen die Farben des *3-Farben-Gabentests* und des *Farb-Kompasses* miteinander überein, bisweilen aber überhaupt nicht. Was auch immer Ihre Ergebnisse sein mögen, Sie können eine Menge lernen, wenn Sie beide Resultate miteinander vergleichen.

Stärken und Schwächen ganzer Kontinente

Ich habe sehr sorgfältig zugehört, als Sie über die verschiedenen Ausgangspunkte sprachen. Es fiel mir auf, dass Sie jeden der sechs Ausgangspunkte mit einem Beispiel von jeweils einem anderen Kontinent illustrierten. Für den „Kritisierer" wählten Sie ein Beispiel aus Europa, für den „Manipulierer" ein Beispiel aus Australien, für den „Übergeistlichen" ein Beispiel aus Lateinamerika, für den „Ausgebrannten" ein Beispiel aus Nordamerika, für den „Fanatiker" ein Beispiel aus Asien und für den „Distanzierten" ein Beispiel aus Afrika. Ist das reiner Zufall, oder verbirgt sich dahinter eine tiefere Bedeutung? Sehen Sie auf unterschiedlichen Kontinenten gewisse Tendenzen? Auf mich wirkt diese ganze Einteilung etwas künstlich.

Ihre Interpretation sollte so farbig sein wie das Leben selbst, und nicht schwarz-weiß.

Sie haben wirklich gut zugehört! In den letzten Jahren habe ich viele Beispiele aus den unterschiedlichsten Kulturen zusammengetragen. Als ich darüber nachdachte, welche dieser Beispiele für die sechs Ausgangspunkte hilfreich sein könnten, habe ich bewusst die genannten Beispiele aus den verschiedenen Kontinenten gewählt. Ich habe in der Tat den Eindruck – dieser Ausdruck ist der genaueste, den ich derzeit benutzen kann –, dass es auf unterschiedlichen Kontinenten gewisse Tendenzen gegenüber einigen der Farben gibt. Mit „Tendenz" meine ich, dass der Prozentsatz von Christen, die einen bestimmten Ausgangspunkt teilen, in einer bestimmten Kultur etwas höher ist als in anderen. Es bedeutet ausdrücklich nicht, dass jeder einzelne Christ in dieser Kultur von dieser Tendenz betroffen ist. Alle sechs Ausgangspunkte können auf allen Kontinenten gefunden werden, möglicherweise sogar in jeder Gemeinde. In dem Maße jedoch, wie wir in den nächsten Jahren weitere Studien machen, werden wir herausfinden, ob es sich diese kulturspezifischen „Tendenzen"

wirklich gibt, oder ob dies lediglich meine persönlichen Eindrücke sind. Alle Beispiele, die ich in meinen Seminaren oder Büchern benutze, sind natürlich authentisch. Gordon, Michael, Lucía, Cathy, Sulastri und Ndoze sind also wirkliche Menschen aus Fleisch und Blut, genauso wie Thomas, Martha, Maria, Mose, Petrus und Jona wirkliche Menschen waren. In einigen Fällen habe ich allerdings die Namen geändert – einfach, um ihre Privatsphäre zu schützen.

Unterschiede der Farben

In Ihrer Drei-Farben-Lehre zerteilen Sie drei Dimensionen, die eigentlich unauflöslich zusammengehören. Sie sprechen mehr über die Unterschiede zwischen den Farben als über das, was alle drei verbindet.

Ich stimme Ihnen zu, dass alle drei Dimensionen zusammengehören, glaube aber nicht, dass unsere Materialien dazu führen, dass wir sie voneinander trennen. Ich habe den Eindruck, dass genau das Gegenteil passiert. Anstatt ausschließlich über einen idealen, aber doch auch realitätsfernen Zustand zu reden, möchte ich dort beginnen, wo die Menschen tatsächlich sind. Und unter den meisten Christen und Gemeinden ist etwas aus dem Gleichgewicht geraten. In einer solchen Situation wäre es nicht sehr hilfreich, einfach zu predigen, dass alle drei Farben unauflöslich zusammengehören. Ich möchte vielmehr praktische Wege zeigen, wie jeder von uns von einer Situation, in der vieles noch nicht im Gleichgewicht ist, zu einem Punkt gelangen kann, in der eine größere Ausgewogenheit herrscht. Ich möchte nicht zu denjenigen gehören, die in großen und wohl klingenden Worten verkünden, wie christlicher Glaube eigentlich sein sollte, aber dann keine Hilfen anbieten, wie wir denn ganz konkret dorthin gelangen.

Ich habe die Erfahrung gemacht, dass für unzählige Christen das Entdecken ihrer Gaben zu einem Schlüsselerlebnis in ihrer geistlichen Biografie geworden ist.

Was qualifiziert eine geistliche Gabe?

Es ist für mich verwirrend, dass Sie alle 30 Gaben auf Ihrer Liste als „geistliche Gaben" bezeichnen. Sie sollten diesen Ausdruck ausschließlich für solche Gaben verwenden, die zum blauen Farb-Bereich gehören. Nur hier handelt es sich um übernatürliche und folglich geistliche Gaben.

Wenn das die Wortwahl ist, die Sie benutzen wollen, sind Sie natürlich frei, das zu tun. Hier sind die Gründe, warum ich mich für die Terminologie entschieden habe, die Sie in diesem Buch finden. Zunächst einmal würde es nicht biblischem Sprachgebrauch entsprechen, die Verwendung des Begriffs „geistliche Gabe" ausschließlich auf den blauen Farb-Bereich zu beziehen. Ein solches Gaben-Konzept basiert auf einem Missverständnis dessen, was eine Gabe „geistlich" macht. Der blaue Farb-Bereich ist in der Tat eine besondere Kategorie, aber der grüne und der rote Bereich sind es ebenfalls. Es gibt bestimmte Merkmale, die die Gaben jeder der drei Kategorien gemeinsam haben und die sie von den anderen Gaben unterscheiden. Im blauen Farb-Bereich lässt sich zum Beispiel eine stärkere Ausrichtung auf das Übernatürliche feststellen. Was eine Gabe jedoch „geistlich" macht, ist nicht davon abhängig, ob wir sie als übernatürlich empfinden oder nicht. Ich habe Schwierigkeiten zu verstehen, wieso die Praktizierung einer Gabe wie Barmherzigkeit (grüner Bereich) oder Evangelisation (roter Bereich) weniger geistlich sein soll als zum Beispiel Zungenreden (blauer Bereich).

Gabenlehre überbetont

Wenn ich Ihr Buch lese, habe ich den Eindruck, dass auf einmal das Wichtigste am Christsein ist, seine Gaben zu entdecken. Wird hier nicht ein Teilbereich des geistlichen Lebens völlig überbetont?

Das Entdecken der geistlichen Gaben ist ganz sicher nicht das Wichtigste am Christsein. Dass dieser Prozess hier so stark thematisiert wird, liegt einfach daran, dass dies nun einmal eines der Anliegen dieses Buches ist. Andere Materialien behandeln andere Aspekte des geistlichen Lebens. Ich habe in den letzten Jahren jedoch gemerkt, dass es im Blick auf diese Frage in unseren Gemeinden einen ungeheuren Nachholbedarf gibt. So kann es geschehen, dass das Thema „Gaben entdecken" für einen bestimmten Zeitraum in der Gemeindearbeit einen besonderen Schwerpunkt gewinnt, bevor man sich wieder anderen Fragen zuwendet. Ich halte das für eine normale und aufs Ganze gesehen auch gesunde Entwicklung. Ich habe die Erfahrung gemacht, dass für unzählige Christen das Entdecken ihrer Gaben zu einem Schlüsselerlebnis in ihrer geistlichen Biografie geworden ist. Mir selbst ist es übrigens auch so gegangen.

Zur Zeit des Neuen Testaments gab es auch kein Radio und Fernsehen – und dennoch wurde effektiv Gemeinde Jesu Christi gebaut. Heißt das, dass wir im dritten Jahrtausend auf alle diese Hilfsmittel verzichten sollten?

Psychologie statt Bibel

In der Bibel finde ich keinen 3-Farben-Gabentest und mir scheint, zur Zeit des Neuen Testaments wurde sehr erfolgreich Gemeinde gebaut. Auch in der gesamten Kirchengeschichte kam man offensichtlich ohne so einen Test aus. Lagen diese Christen nun alle verkehrt, weil sie ihre „manifesten" und „latenten" Gaben nicht kannten? Mir drängt sich der Eindruck auf, Ihre Materialien sind mehr an modischen Psychotests orientiert als an der Bibel.

Ich spüre deutlich die Ironie in Ihrer Frage und ich will ganz offen darauf eingehen. Christen aller Generationen haben zu allen Zeiten ihre Gaben auf andere Weise entdeckt und auch heute gibt es unzählige verschiedene Wege, die zum gleichen Ziel führen. Dies ist aber meines Erachtens kein Grund, den Ansatz dieses Buches zu verwerfen. Zur Zeit des Neuen Testaments gab es auch kein Radio und Fernsehen, es gab keine Zeitschriften und keine Bücher im heutigen Sinne – und dennoch wurde effektiv Gemeinde Jesu Christi gebaut. Heißt das, dass wir nun, im dritten Jahrtausend, auf alle diese Hilfsmittel verzichten sollten, um das Evangelium zu verkünden und den Menschen zu dienen? Wohl kaum. Christen, die das behaupten, haben meiner Meinung nach ein recht abenteuerliches Bibelverständnis. Heute leben wir in einer Zeit, in der – darauf weisen Sie zu Recht hin – unterschiedliche Tests entwickelt wurden und sehr in Mode gekommen sind. Solche Tests sind an sich weder gut noch schlecht. Die Frage ist ganz allein, ob sie uns helfen.

Erschlagen gefühlt

Ich diene dem Herrn mit oder ohne Gaben – das ist mir egal. Vor einiger Zeit hat mir jemand das Gabenbuch von Professor Wagner gegeben. Ich hab's gelesen, fühlte mich aber hinterher wie erschlagen von dieser ganzen Gabentheologie. Ich will gar nicht wissen, was meine Gaben sind.

Ich könnte es mir jetzt leicht machen und Ihnen sagen, dass Sie auch glücklich als Christ leben können, ohne Ihre Gaben zu kennen – aber ich glaube, mit einer solchen Antwort würde ich Ihnen keinen Gefallen tun. Sie sollten sich selbstkritisch fragen: Warum sträube ich mich so sehr dagegen, herauszufinden, was meine Gaben sind? Sind das geistliche Motive? Ist das womöglich meine Tradition? Meine Bequemlichkeit? Jedenfalls ist es nicht Gottes Absicht, dass Sie ihm „mit oder ohne Gaben“ dienen – denn er hat Ihnen mindestens eine geistliche Gabe gegeben.

Gefahr des Hochmuts

Sehen Sie nicht, dass das Entdecken von geistlichen Gaben zum Hochmut verführen kann?

Diese Gefahr besteht in der Tat und das beste – und zudem biblische – Mittel dagegen ist es, Menschen, die ihre Gaben entdeckt haben, in einen Dienst einzubinden, der diesen Gaben entspricht. In den täglichen Anforderungen eines solchen Dienstes vergeht uns in aller Regel der Hochmut.

Wenn es für eine bestimmte Aufgabe keine Menschen gibt, die die entsprechende Gabe haben, dann lassen Sie diese Aufgabe einfach unbesetzt.

Aber ich vermute, dass sich eine viel raffiniertere Art von Hochmut hinter der Weigerung verbergen kann, seine geistlichen Gaben zu entdecken und klar beim Namen zu nennen. Stellen Sie sich einmal folgende Situation vor: Sie haben Ihrer Nachbarin ein ganz besonders wertvolles Geburtstagsgeschenk ausgesucht. Und jetzt überreichen Sie ihr das Geschenk und warten gespannt darauf, ob sie sich darüber freut. Keine Reaktion. Schlimmer noch: Als jemand anderes von ihr wissen will, was sie von Ihnen geschenkt bekommen habe, sagt diese Frau: „Nein, von meiner Nachbarin habe ich nichts geschenkt bekommen. Dazu bin ich viel zu demütig.“ Wahrscheinlich würden Sie denken: „Was ist nur in diese Frau gefahren?“ Was ihre sonderbare Reaktion auch nur im Entferntesten mit Demut zu tun haben soll, will Ihnen nicht in den Sinn. Wahrscheinlich würden Sie sich überlegen, ob es überhaupt richtig war, einem so undankbaren Menschen ein Geschenk zu machen. Gott muss sich derartige Reaktionen ständig anhören. Er hat jedem von uns Christen mindestens eine geistliche Gabe geschenkt und muss erleben, wie die Beschenkten das lautstark abstreiten – und sich deshalb auch noch als besonders demütig empfinden. Diese falsche Demut scheint mir eine ungeheure Blockade für gesundes geistliches Wachstum zu sein.

Vieles bliebe liegen

In unserer Gemeinde ist Ihr Buch gut angekommen. Ich sehe aber eine riesige Gefahr darin: Wenn jeder nur noch das täte, was seinen Gaben entspricht, dann blieben viele wichtige Dinge liegen. Wollen Sie das?

Lassen Sie es mich deutlich sagen: Ja, genau das will ich. Wenn es für eine bestimmte Aufgabe keine Menschen gibt, die die entsprechende Gabe haben, dann lassen Sie diese Aufgabe so lange unbesetzt, bis sich jemand findet, dem Gott die benötigte Gabe gegeben hat. Ich muss zugeben, dass ich bis vor geraumer Zeit an dieser Stelle noch anders geantwortet habe. Ich sagte: Klar, wenn es für bestimmte Aufgaben keine Christen mit den entsprechenden Gaben gibt, dann müssen sie eben von Christen ausgeführt werden, die diese Gabe nicht haben. Aber ich habe gemerkt, dass diese Antwort – so dankbar sie auch von manchen aufgenommen wurde – in die absolut falsche Richtung wies.

Vor einiger Zeit lernte ich einen Pastor kennen, der mir davon erzählte, was für segensreiche Auswirkungen es hatte, als er das Konzept der gabenorientierten Mitarbeiterschaft wirklich radikal anwandte. In seiner Gemeinde wird jede Aufgabe generell nur auf maximal zwei Jahre vergeben. Nach Ablauf dieser Zeit gibt es einen „Bilanzmonat", das heißt, einen Monat lang fallen alle gemeindlichen Veranstaltungen, bis auf die Gottesdienste, aus und alle Mitarbeiter haben die Aufgabe, ihre bisherige Mitarbeit unter dem Aspekt zu prüfen: Entspricht sie meinen geistlichen Gaben oder nicht? Wer an dieser Stelle zu einem negativen Ergebnis kommt, dem wird Mut gemacht, aus seinem derzeitigen Dienst auszusteigen, auch auf die Gefahr hin, dass sich kein Ersatz findet. Dieser Pastor sagte mir neulich: „Wenn es für eine bestimmte Aufgabe keinen Mitarbeiter mit der entsprechenden Gabe zu geben scheint, dann versuche ich auf keinen Fall, einen irgendwie gearteten Ersatz zu finden. In einem solchen Fall wird die Aufgabe einfach nicht ausgefüllt – und zwar so lange nicht, bis sich ein Mensch findet, der die Gabe hat. Jemanden zu einer Aufgabe zu bequatschen, dem die entsprechende geistliche Gabe fehlt – das wäre meiner Ansicht nach ein Affront gegen den Willen Gottes."

Das Interessante ist nun: Seitdem in solcher Konsequenz das Prinzip der gabenorientierten Mitarbeiterschaft beherzigt wird und man den Mut aufbrachte, bestimmte Aufgabenbereiche einfach unbesetzt zu lassen, erlebt diese Gemeinde nicht nur ein erstaunliches Wachstum, sondern gleichzeitig, dass sie wesentlich *mehr* Aufgaben wahrnehmen kann als je zuvor! Nicht unbedingt die Aufgaben, von denen man vorher glaubte, man müsse sie ausfüllen. Aber ganz sicher Aufgaben, die dem Willen Gottes entsprechen.

Starke Verletzungen

Ich halte es wie Sie grundsätzlich für richtig, nur dann einen Menschen in einer Aufgabe zu lassen, wenn er die entsprechende geistliche Gabe hat. Jetzt erlebe ich in unserer Gemeinde aber, dass viele Christen unter diesem Aspekt am falschen Platz sind. Einige Gemeindeglieder, die sich mit Ihrem Ansatz beschäftigt haben, sagen das diesen Menschen auch platt vor den Kopf. Das hat zu starken Verletzungen geführt. Wie kann ich einem Menschen schonend beibringen, dass er am falschen Platz ist?

Ich kann es nicht deutlich genug sagen: Wir tun niemandem einen Gefallen, wenn wir ihn aus falsch verstandener „Rücksicht" womöglich sein Leben lang am falschen Platz lassen. Dies gehört meiner Ansicht nach zu den unbarmherzigsten Dingen, die wir einem Menschen antun können. Er selber leidet unter der Aufgabe, die er ausführt, und die Menschen, mit denen er zu tun hat, leiden ebenfalls. Deshalb führt kein Weg daran vorbei: Ein Christ, der in einer Aufgabe tätig ist, die nicht seinen Gaben entspricht, muss von dieser Aufgabe entbunden werden.

Bevor wir einem Menschen klarzumachen versuchen, dass seine derzeitige Aufgabe nicht seinen geistlichen Gaben entspricht, sollten wir ihm dabei helfen, seine wirklichen Gaben ausfindig zu machen.

Wenn das in letzter Eindeutigkeit klar ist, dann hat es Sinn, sehr gründlich und sensibel über die Frage nachzudenken, wie man dies am besten vermitteln kann. Es ist ja in aller Regel nicht die Schuld der einzelnen Gemeindeglieder, wenn sie sich womöglich ihr Leben lang am falschen Platz engagiert haben. Vielleicht hat die Gemeindeleitung ihnen niemals die Lehre von den geistlichen Gaben vermittelt. Vielleicht sind sie in ihrer falschen Rolle von ihrer Umgebung noch bestärkt worden, indem man ihnen eine Art Märtyrer-Gloriole verpasste: „Schaut nur, wie aufopferungsvoll sich Claudia in der Kinderarbeit engagiert – und das, obwohl jeder weiß, dass sie Kinder nicht gut um sich herum ertragen kann!" Wenn ein Mensch, der in einem solchen – meines Erachtens durch und durch falschen – christlichen Umfeld groß geworden ist, plötzlich damit konfrontiert wird, dass dies alles wahrscheinlich nicht dem Willen Gottes entspricht, kann das tatsächlich zu starken Irritationen und Verletzungen führen. Ich glaube deshalb, dass wir uns an folgende Regel halten sollten: Bevor wir einem Menschen klarzumachen versuchen, dass seine derzeitige Aufgabe nicht seinen geistlichen Gaben entspricht, sollten wir ihm dabei helfen, seine wirklichen Gaben ausfindig zu machen und Aufgaben zu finden, die diesen Gaben entsprechen. Ist diese Grundlage gelegt, so kann das Aussteigen aus den vertrauten, aber nicht gabengemäßen Aufgaben zu einer sehr freudigen geistlichen Erfahrung werden.

Null-Bock-Mentalität

Nach Ihrer Auffassung ist eine Gabe das, was am meisten Spaß macht. Mit dieser Anschauung verstärken Sie nur einen Trend, der ohnehin unsere Gemeinden erfasst hat: Jeder tut nur noch das, wo er „Bock" drauf hat.

Ich habe nie gesagt, dass eine geistliche Gabe das ist, was einem am meisten Spaß macht. Spaß an einer Aufgabe ist lediglich eines von insgesamt sieben Kriterien, die wir im Entdeckungsprozess beachten sollten. Ich gehe aber in der Tat davon aus, dass mich die Aufgaben, zu denen Gott mich berufen hat, indem er mir die entsprechende geistliche Gabe schenkte, langfristig am meisten erfüllen werden.

62 Prozent aller Befragten gaben an, der Test habe ihnen geholfen, neue Gaben zu entdecken.

Hier ist eine Unterscheidung wichtig. Ich sage nicht: „Frage dich stets, ob du Lust darauf hast, wenn dich jemand bittet, eine bestimmte Aufgabe wahrzunehmen." Eine solche Haltung würde sich meiner Ansicht nach nicht mit dem decken, was Jesus von uns fordert. Ich sage vielmehr: „Finde heraus, was deine geistlichen Gaben sind – und Freude an der entsprechenden Aufgabe ist in diesem Prozess ein wichtiges Kriterium. Wenn du deine Gabe gefunden hast, dann konzentriere dich auf die Aufgaben, die zu dieser Gabe gehören. Frage dich dann nicht mehr, ob du jeweils ‚Bock' darauf hast oder nicht – das ist ein sehr trügerisches Kriterium –, sondern halte treu durch!"

Freude ist kein Kriterium

Wenn es stimmen würde, dass Freude ein entscheidendes Prinzip beim Herausfinden der eigenen Berufung wäre, dann hätten viele Gestalten der Kirchengeschichte sich niemals rufen lassen. Wenn ich mir Biografien von großen Männern und Frauen des Glaubens anschaue, dann finde ich dort nicht viel von diesem Prinzip der Freude.

Mit dem letzten Satz haben Sie Recht – leider! Die meisten Biografien, die ich kenne, sind nicht unter dem Aspekt der geistlichen Gaben geschrieben worden. Es gibt – und das gilt nicht nur für Biografien – eine weit verbreitete Erwartung, die „Erbaulichkeit" damit gleichsetzt, dass alle Gesetze des gesunden Menschenverstandes außer Kraft gesetzt werden. Wenn ein Mensch nun überhaupt nicht für eine bestimmte Aufgabe geeignet zu sein scheint, wenn er schrecklich darunter leidet, sich immer wieder überwinden muss, dann wird das als ein untrüglicher Beweis verstanden, dass wirklich Gott durch ihn handelt.

Ich vermute, dass die meisten Biografien, die nach diesem Muster geschrieben sind, die Wahrheit einfach ein Stück verfälschen, weil sie diesem allgemein verbreiteten Bedürfnis nach Erbaulichkeit Rechnung tragen wollen. Man kann wohl davon ausgehen, dass die meisten der großen Gestalten des Glaubens, die in diesen Biografien als Leute beschrieben werden, die völlig im Gegensatz zu ihren Gaben und zu dem, was ihnen Freude machte, lebten, in Wahrheit sehr wohl ihren Gaben gemäß gelebt haben und deshalb auch zu großen Gestalten wurden!

Um aber nicht missverstanden zu werden: Natürlich gibt es einige Beispiele, in denen Gott Menschen zu Aufgaben beruft, die nicht ihren Gaben zu entsprechen scheinen. Denken Sie nur an Moses, der dem Pharao erklären sollte, dass er das Volk Israel aus Ägypten ziehen lassen sollte. Aber dies scheinen mir eher Ausnahmen zu sein, es ist nicht der Regelfall. Wenn wir Anleitungen für unser geistliches Leben entwickeln, sollten wir uns an den Regeln orientieren, nicht an den Ausnahmen.

Warum soll ich Gott um neue Gaben bitten, wenn ich noch nicht einmal die Gaben benutze, die er mir bereits gegeben hat?

Empfangen statt entdecken

Sie reden immer wieder davon, wie wichtig es ist, Gaben zu entdecken. Es geht aber darum, dass wir Gaben von Gott erbitten und empfangen.

Beides ist wichtig. In diesem Buch geht es allerdings – da haben Sie Recht – in erster Linie um die Frage, wie wir die Gaben, die Gott uns bereits gegeben hat, herausfinden können. Ich halte dies auch für den ersten Schritt. Wenn es stimmt, dass jeder Christ mindestens eine geistliche Gabe hat (im Neuen Testament wird dies eindeutig gelehrt) und wenn es weiterhin stimmt, dass 80 Prozent der engagierten Christen ihre Gaben nicht kennen, dann geht es meines Erachtens zunächst einmal darum, die Gaben herauszufinden, die Gott uns bereits gegeben hat, bevor wir darangehen, neue Gaben zu erbitten. Aber natürlich ist richtig, dass wir offen sein sollten für neue Gaben, die Gott uns geben kann. Nach meiner Überzeugung ist dies aber für die meisten Christen, die ihre Gaben nicht kennen, erst der zweite Schritt. Warum soll ich Gott um neue Gaben bitten, wenn ich noch nicht einmal die Gaben kenne und praktiziere, die er mir bereits gegeben hat? In manchen Gabenseminaren verbinden wir beide Fragestellungen miteinander: Im ersten Teil wird den Christen, unter anderem mit Hilfe des Gabentests, geholfen, ihre bereits vorhandenen Gaben zu entdecken. Im zweiten Teil, den wir bisweilen als Segnungsteil gestalten, ist dann Raum, Gott um neue Gaben zu bitten.

Der Hintergrund des Tests

Wie entsteht eigentlich so ein Gabentest?

Der Fragebogen hat eine ziemlich komplizierte Entstehungsgeschichte. Vor gut 15 Jahren habe ich im englischsprachigen Ausland über 20 unterschiedliche Gaben-Fragebögen gesammelt und versucht, die Stärken von jedem zu übernehmen, die Schwächen dagegen auszubügeln. Dann haben wir mit einer ersten Testgruppe einen neuen Fragebogen entwickelt. Der wurde unter etwa 400 Christen gestreut, von jedem erhielten wir eine Rückmeldung, etwa 150 Personen wurden persönlich interviewt, zahlreiche Revisionen wurden angebracht, ein zweiter Entwurf entstand. Dann ein dritter, vierter und fünfter Entwurf. Schließlich wurde die erste Auflage des Buches gedruckt. Wir baten die Benutzer, eine Kopie ihres Auswertungsbogens an uns zurückzuschicken. So hatten wir nach einiger Zeit etwa 2000 Bögen vor uns liegen, die wir wiederum gründlich überprüften. Für die Vorbereitung der achten Auflage hat ein Psychologenteam den Fragebogen weiterentwickelt. Das Ziel war, die Gabenanalyse auf eine wissenschaftliche Grundlage zu stellen. Ergebnis der Untersuchungen war, dass der bis dahin von uns verwendete Fragebogen schon relativ genau war, aber – besonders bei 4 der von uns gelisteten 30 Gaben – noch Schwächen hatte. Der neue Fragebogen ist nun exakt normiert, was den Nutzen für die Gemeinde enorm erhöht hat.

Nichts Neues entdeckt

Ich habe durch den 3-Farben-Gabentest genau die Gaben bestätigt gefunden, von denen ich auch vorher wusste, dass ich sie hatte. Das war zwar nett, hat mich aber nicht sonderlich weitergebracht.

Einige Christen machen die gleiche Erfahrung wie Sie. Klar: Wenn Sie Ihre Gaben schon vorher kannten, wird Ihnen der *3-Farben-Gabentest* nicht viel Neues verraten. Manche Christen allerdings, die glaubten, ihre Gaben definitiv zu kennen, haben durch den Test einige Überraschungen erlebt. Insgesamt antworteten 62 Prozent aller Befragten, der *3-Farben-Gabentest* habe ihnen geholfen, neue Gaben zu entdecken. 81 Prozent gaben an, der Test habe bereits bekannte Gaben bestätigt; 6 Prozent sagten, er habe ein „falsches Ergebnis" zum Vorschein gebracht, und 2 Prozent meinten, er habe ihnen gar nicht geholfen, ihre Gaben zu entdecken. Der Regelfall ist also, dass der Test einige Gaben, die bereits bekannt waren, bestätigen wird – und gleichzeitig auf einige neue Gaben aufmerksam macht.

Viele Menschen sind skeptisch gegenüber Tests, bei denen sie nicht wissen, welche Faktoren eigentlich das Ergebnis beeinflussen.

Schwierigkeiten mit Tests

Ich persönlich habe Schwierigkeiten mit solcher Art von Wissenschaft. In mir sträubt sich alles, wenn ich solche Tests sehe.

Es gibt Leute, die auf solche Tests regelrecht „stehen". Dann gibt es andere – wie Sie –, die damit gar nichts anfangen können. Das Eine ist nicht gut und das Andere ist nicht schlecht. Es handelt sich schlicht um unterschiedliche Typen von Menschen. Wenn Sie mit so einem Test wirklich nichts anfangen können, dann legen Sie ihn einfach beiseite. Gott hat tausend andere Möglichkeiten, Ihnen Ihre Gaben zu zeigen.

Betende Haltung entscheidend

Ich finde, dass der 3-Farben-Gabentest in betender Haltung gemacht werden sollte. Ich habe so tiefen Segen in dieser Zeit erfahren. Ihn einfach nur als Test zu machen finde ich gefährlich.

Sie haben Recht. Die besten Erfahrungen mit Gabenseminaren machen wir dort, wo die Arbeit am Test und den sieben Entdeckungsschritten mit einem ausführlichen Gebets- und Segnungsteil kombiniert wird. Wir hatten in manchen Seminaren schon die Situation, dass einige Teilnehmer mit dem Auswertungsblatt in der Hand zum Gebet nach vorne kamen und zum Beispiel für die Freisetzung ihrer „latenten Gaben" beten ließen. Und wir erlebten, wie die Kraft des Heiligen Geistes mächtig auf sie herabkam und Gott sein Werk an ihnen tat. Wenn Gebet, Test, Nachdenken und Offensein für Gottes übernatürliches Eingreifen auf diese Weise zusammen kommen, finde ich das wunderbar!

Fragebogen zu durchschaubar

Sollte man die Fragen des Gabentests nicht nach einem weniger überschaubaren Prinzip ordnen? Der vorliegende Fragebogen ist ziemlich durchschaubar und scheint mir das Ankreuzen nach dem „Welche-Gabe-hätte-ich-denn-gern-Prinzip" zu unterstützen.

Ich finde es wichtig, dass wir einen solchen Test nicht als ein fast schon magisches Instrumentarium verstehen, in das wir bestimmte Informationen eingeben und das uns plötzlich – Simsalabim – ein Ergebnis ausspuckt, von dem niemand weiß, wie es eigentlich zustande kam. Viele Menschen sind skeptisch gegenüber Tests, bei denen sie nicht wissen, welche Faktoren eigentlich das Ergebnis beeinflussen. Wenn Sie den *3-Farben-Gabentest* ausfüllen, können Sie genau zurückverfolgen, wie Ihre Ergebnisse zustande kamen. Diese Analyse kann bei der Auswertung sehr nützlich sein.

Bei den „manifesten Gaben" fragen wir zum Beispiel nach dem, was uns Freude macht, nach der Effektivität, nach der Bestätigung anderer. Bei den „latenten Gaben" fragen wir nach der Sehnsucht, nach einem Problembewusstsein in den jeweiligen Bereichen und nach der Bereitschaft, die entsprechende Gabe auch einzusetzen. Natürlich lässt sich das Ergebnis, wenn ich es unbedingt darauf anlege, manipulieren. Um diese Gefahr zu vermeiden, empfehle ich: Besprechen Sie das Ergebnis mit anderen Christen, die Sie gut kennen. Besprechen Sie es mit Menschen, die die Gaben haben, die auch Sie bei sich ausfindig machen konnten. Ohne eine solche Rückkoppelung – der siebte Schritt im Entdeckungsprozess – kann es tatsächlich geschehen, dass wir unserem eigenen Wunschdenken erliegen.

Anspruch ist anmaßend

Ich finde es anmaßend, wenn Sie sagen: Diese fünf Gaben, die im Kästchen „manifeste Gaben" erscheinen, sind auch mit Sicherheit deine geistlichen Gaben.

So etwas zu sagen wäre nicht nur anmaßend, sondern auch irreführend. Nein, ich sage nicht: „Diese fünf Gaben sind mit Sicherheit deine geistlichen Gaben." Ich sage vielmehr: „Die Wahrscheinlichkeit ist sehr groß, dass in dem Bereich der manifesten Gaben, die der *3-Farben-Gabentest* bei dir ans Tageslicht gebracht hat, deine wirklichen geistlichen Gaben liegen." So ist für etliche Christen das Ergebnis des Tests buchstäblich zu einer Anrede Gottes an sie geworden; für andere allerdings nicht.

Wir haben den Begriff der „latenten Gaben" eingeführt, um den Blick für Bereiche zu öffnen, in denen sich in Zukunft Veränderungen zeigen können.

Es gibt Christen, die eine geistliche Gabe haben, andere haben drei, fünf oder zwölf Gaben. Ich kenne sogar einen Christen, in dessen Dienst sich 24 der 30 von uns aufgelisteten Gaben deutlich zeigen. Der *3-Farben-Gabentest* kann nicht für uns die Frage beantworten, wie viele der Gaben, die bei uns eine relativ hohe Punktzahl erzielten, auch tatsächlich geistliche Gaben sind. Deshalb muss sich jeder, am besten im Gespräch mit anderen Christen, fragen: Wo hören meine geistlichen Gaben auf und wo fängt das an, was man als eine „stark trainierte christliche Universalrolle" bezeichnen könnte? Wahrscheinlich wird sich diese Frage niemals in letzter Eindeutigkeit beantworten lassen. Ein Indiz bei der Suche nach einer Antwort kann es allerdings sein, auf bestimmte „Sprünge" in der Punktwertung zu achten.

Was sind latente Gaben?

Sie reden von „latenten Gaben". Erst einmal fällt mir auf, dass dieser Begriff nirgendwo in der Bibel steht. Und dann frage ich mich: Sind das nun Gaben, die Gott zwar gegeben hat, die aber noch nicht entdeckt sind? Oder sind das Bereiche, in denen Gott in Zukunft neue Gaben schenken wird? Oder sind das einfach Bereiche, in denen ich ein Problembewusstsein habe, die aber nichts mit geistlichen Gaben zu tun haben?

Es kann alles drei sein. Bei den „latenten Gaben" fragen wir nach Sehnsucht, nach einem Problembewusstsein in dem zur Diskussion stehenden

Bereich und nach der Bereitschaft, die Gabe auch einzusetzen. Wenn ich alle diese Fragen positiv beantworte, heißt das jedoch noch lange nicht, dass es sich auch um eine geistliche Gabe handelt. Ich kann auch Sehnsucht, Problembewusstsein und Bereitschaft in Bereichen zeigen, die absolut nicht meinen Gaben entsprechen. Allerdings haben wir die Erfahrung gemacht, dass Sehnsucht, Problembewusstsein und Bereitschaft es wahrscheinlicher machen, dass Gott in diesem Bereich auch eine neue Gabe zeigen wird. Ob es sich dann bei einer solchen „neuen Gabe" um eine neu geschenkte oder lediglich um eine bereits vorhandene, also neu entdeckte Gabe handelt, lässt sich so gut wie nie sagen. Für die Praxis scheint mir diese Frage allerdings auch relativ belanglos zu sein.

Wir haben den Begriff der „latenten Gaben" eingeführt, um wenigstens ansatzweise den Blick für Bereiche zu öffnen, in denen sich in Zukunft Veränderungen zeigen können. Bei den „manifesten Gaben", das liegt in der Natur der Sache, kann ja nur nach bereits gemachten Erfahrungen gefragt werden. Wenn ich in einem bestimmten Bereich noch nie tätig war, wird mir auch der Test diese Gabe nicht zeigen können – auch dann nicht, wenn Gott mir die entsprechende Gabe schon längst gegeben haben sollte. Deshalb kann das Prüfen der Sehnsucht, des Problembewusstseins und der Bereitschaft zum Einsatz ein guter Ausgangspunkt sein, innerhalb des Entdeckungsprozesses nicht nur in die Vergangenheit, sondern auch in die Zukunft zu blicken.

Ein „falsches" Ergebnis

Bei mir kam ein total falsches Ergebnis heraus. Wie erklären Sie sich das?

Es gibt eigentlich nur zwei Möglichkeiten. Entweder liegt der Test verkehrt – oder Sie liegen mit Ihrer Einschätzung verkehrt! Sie sollten für beide Möglichkeiten offen sein. Es gibt tatsächlich Fälle, in denen der Test – aufgrund welcher Komponenten auch immer – zu falschen Ergebnissen führt. Allerdings ist dies nach meiner Erfahrung nicht der Regelfall, wenn sich ein Benutzer über ein angeblich „falsches Ergebnis" beklagt. In den meisten Fällen, in denen ich in Gabenseminaren mit dieser Frage konfrontiert worden bin, habe ich erlebt, dass Gott uns gerade durch ein Ergebnis, das unserer Meinung nach „falsch" zu sein scheint, auf etwas aufmerksam machen möchte.

Wenn ich in einem bestimmten Bereich noch nie tätig war, wird mir auch der Test diese Gabe nicht zeigen können.

Ich will das an einem Beispiel deutlich machen. Als sich der Fragebogen noch in der Entwicklungsphase befand, füllte ihn ein junger Mann namens Frank aus, der an erster Stelle seiner „manifesten Gaben" die Gabe des Missionars heraus bekam. Er kam sogleich auf mich zu und sagte mir ziemlich spöttisch: „Christian, da sieht man einmal, zu was für falschen Ergebnissen dein Test führt. Ich bin in Spanien geboren, in Mexiko aufgewachsen, habe die meiste Zeit meines Lebens in fremden Kulturen gelebt. Kein Wunder, dass es mir leichter als anderen fällt, mich anderen Kulturen anzupassen. Aber das hat bei mir nicht das Geringste mit einer geistlichen Gabe und mit meiner Berufung zu tun." Als ich einige Zeit später Kontakt zu Frank aufnehmen wollte, war das gar nicht so einfach. Er war mittlerweile nach Hongkong ausgereist. Wie das? Frank hatte zwischenzeitlich entdeckt, dass Gott ihm tatsächlich die Gabe des Missionars gegeben hatte – und er hatte die Erkenntnis gleich in die Praxis umgesetzt. Als er einige Zeit später auf Heimaturlaub in Deutschland war, sprach ich mit ihm und er sagte mir: „Anfangs hatte ich mich ungeheuer dagegen gewehrt, dass es Gottes Wille für mich sein könnte, als Missionar in einem anderen Land tätig zu sein. Deshalb habe ich auch das Testergebnis als falsch empfunden. Je mehr ich aber über diese Frage nachdachte und betete, desto mehr wurde mir klar, dass genau das meine Berufung ist. Gott hat mich nicht zuletzt auch durch die Art, wie ich aufgewachsen bin, auf meinen missionarischen Dienst vorbereitet."

Gefahren des Tests

Wenn Sie sagen, dass der 3-Farben-Gabentest bei bestimmten Personen ungenau sein kann, klingt das sympathisch und bescheiden. Es ist aber sehr allgemein formuliert. Nennen Sie uns doch einmal konkrete Beispiele, wo der Test zu eindeutig falschen Ergebnissen führte.

Es kann sein, dass uns Gott durch Veränderungen zwischen zwei Testergebnissen auf etwas aufmerksam machen möchte.

Das will ich gerne tun. Besonders häufig sind falsche Ergebnisse dann, wenn bei der Person, die den Fragebogen ausfüllt, eine psychische oder soziale Störung vorliegt. Es gibt zum Beispiel Menschen, die im Blick auf ihre Beziehungsfähigkeit Probleme haben. Da sich diese Probleme oft auch gegenüber einem potenziellen Partner zeigen, bekommen manche auf diese Weise fälschlicherweise die „Gabe der Ehelosigkeit" heraus. In solchen Fällen handelt es sich aber nicht um eine geistliche Gabe, sondern um ein seelsorgerliches Problem. Oder nehmen Sie die Gabe des Helfens. Es gibt Christen, die unter einem „Helfersyndrom" leiden. Mit ziemlicher Sicherheit wird jeder, der von diesem Syndrom geprägt ist, den Fragebogen so ausfüllen, dass „Helfen" – fälschlicherweise – als Teil seiner Gabenkombination erscheint. Und er wird sich aufgrund dieses Ergebnisses in Zukunft womöglich in einer Weise verhalten, die sein Leiden noch schlimmer macht!

Alles das sind Probleme, auf die ich in den Anmerkungen zu den entsprechenden Gaben zwar hinweise, die das Buch selber aber nicht lösen kann. Hier geht es um Seelsorge, um persönliche Begleitung. Bisweilen ist es gar nicht so einfach, ein Helfersyndrom von der Gabe des Helfens, eine Beziehungsstörung von der Gabe der Ehelosigkeit, einen Märtyrerkomplex von der Gabe der Leidensbereitschaft zu unterscheiden. Es gibt nämlich auch Fälle, wo zum Beispiel Menschen des Helfersyndroms verdächtigt werden, in Wirklichkeit aber in wunderbarer Weise die Gabe des Helfens praktizieren. Um in diesen Fällen Klarheit zu bekommen, brauchen wir viel seelsorgerliches Feingefühl.

Kann Gott Gaben zurücknehmen?

Sie sagen: „Gaben sind zum lebenslangen Gebrauch gegeben." Gibt es nicht auch Beispiele dafür, dass Gott Gaben wieder nimmt?

Doch, es gibt solche Beispiele, aber nach meiner Erfahrung sind sie nicht die Regel. Selbst in Fällen, in denen eine Gabe eindeutig missbraucht wird, nimmt sie Gott in vielen Fällen nicht wieder zurück. Er verteilt Gaben eben nach seiner Gnade, nicht nach unserer Reife und persönlichen Integrität. Deshalb scheint es mir als Faustregel richtig zu sein, davon auszugehen, dass wir einmal entdeckte und bestätigte Gaben auch unser Leben lang einsetzen sollten.

Jedesmal ein anderes Ergebnis

Ich habe den Test mehrmals bei mir selbst durchgeführt und habe jeweils etwas andere Ergebnisse heraus bekommen. Wie erklären Sie sich das?

Diese Erfahrung machen viele Christen, die den Fragebogen mehrfach ausfüllen. Die unterschiedlichen Ergebnisse können unterschiedliche Ursachen haben. Die Situation, in der wir uns momentan befinden, hat einen nicht zu unterschätzenden Einfluss auf die Art, wie wir die Fragen beantworten. Hier geht es ja nicht um zeitlos-abstrakte Fragen, sondern um konkretes Verhalten in konkreten Situationen. Wenn wir zu einem späteren Zeitpunkt in einer anderen Lebenssituation sind, beantworten wir die Fragen anders und erhalten ein anderes Ergebnis.

Aber abgesehen von den auf diese Weise erklärbaren Unterschieden habe ich in vielen Fällen erlebt, dass durch solche sich verändernden Ergebnisse Gott uns auf etwas aufmerksam machen kann. Bei einem Seminar lernte ich zum Beispiel eine Frau namens Maria kennen, die den Fragebogen innerhalb von zwei Jahren dreimal ausgefüllt hatte. Beim ersten Mal erschien „Evangelisation" überhaupt nicht als Teil ihrer Gabenkombination, beim zweiten Mal an vierter Stelle, beim dritten Mal an erster Stelle. Offensichtlich hatte Gott Maria schrittweise in einen evangelistischen Dienst geführt und sie dazu auch mit der entsprechenden Gabe ausgestattet. Wir sollten für solche Veränderungen offen sein. Ich selbst konnte an mir beobachten, wie viele Erkenntnisse über die Führungen Gottes sich gewinnen lassen, wenn wir den Gabentest in bestimmten Abständen wiederholen.

Es gibt Gaben, mit denen sich einigermaßen problemlos experimentieren lässt, und andere, wo dies nur unter Anleitung eines reifen Menschen geschehen sollte.

3-Farben-Gabentest zu statisch

Insgesamt ist mir Ihr Gabenverständnis zu statisch. Ich mache irgendwann den Test – und dann bin ich mein ganzes Leben lang auf das Ergebnis festgenagelt. Das macht mir regelrecht Angst.

Ich kann nicht oft genug wiederholen: Das Ausfüllen des Fragebogens ersetzt nicht die anderen Schritte des Entdeckungsprozesses wie fortwährendes Experimentieren etc. Er kann von seinem Wesen her nur Gaben ans Tageslicht bringen, mit denen ich bereits experimentiert habe. Bevor ich also sicher sagen kann, ob ich eine bestimmte Gabe habe – oder nicht habe –, sollte ich in dem entsprechenden Bereich genügend experimentiert haben. Wenn ich zu früh zu definitiven Ergebnissen komme, kann das in der Tat zu falschen Festlegungen führen. Das gilt besonders für junge Menschen, die sich durch eine zu frühe und zu definitive Festlegung womöglich von Erfahrungen in anderen Bereichen ausschließen, die im Blick auf ihr geistliches Wachstum wichtig wären.

Ich selber habe mir vorgenommen, dass ich mit jeder Gabe auf unserer Liste mindestens drei Monate lang ausgiebig experimentiert haben möchte, bevor ich definitiv sage: Diese Gabe habe ich bzw. habe ich nicht. Bei den meisten Gaben habe ich auf diese Weise schon Klarheit gewonnen. Zum Beispiel bin ich nach ausgiebigen Experimenten zu dem Ergebnis gekommen, dass ich die Gaben der Gastfreundschaft, der Evangelisation, der Organisation und etliche andere nicht habe. Bei manchen Gaben vermute ich dies ebenfalls, möchte aber erst noch genügend experimentieren, bevor ich definitive Schlüsse ziehe. Experimentieren heißt für mich: mich einige Zeit lang so zu verhalten, als ob ich die jeweilige Gabe hätte – und sehen, was passiert. Derzeit ist gerade „Geben" auf meiner Experimentierliste. Ich habe mir also vorgenommen, mich über einen längeren Zeitraum hinweg einfach einmal so zu verhalten, als ob ich diese Gabe hätte, und sorgfältig zu beobachten, was passiert. Ich bin gespannt, was dabei herauskommen wird!

Experimentieren ist gefährlich

Wenn Sie vom „Experimentieren mit Gaben" sprechen, hört sich das zunächst ganz gut an. Ich sehe hier aber die größten Gefahren. Ich glaube nicht, dass wir mit geistlichen Dingen einfach so drauflos experimentieren sollten.

Sie haben Recht. Jedes Experiment hat Gefahren. Und ich gebe zu, dass ich in der Vergangenheit diese Gefahren unterschätzt habe, als ich Christen tatsächlich Mut machte, „einfach mal drauflos zu experimentieren". Ein Schlüsselerlebnis, das mich an dieser Stelle zum Umdenken brachte, war ein Gabenseminar in der Schweiz. Nachdem ich dort über den Punkt „Experimentieren Sie so viel wie möglich" referiert hatte, kam in der Seminarpause eine Rollstuhlfahrerin auf mich zugerollt und sagte mir: „Es fiel mir nicht ganz leicht, Ihren Worten zu folgen. Genau das, was Sie fordern, habe ich in vielen christlichen Veranstaltungen zur Genüge erlebt. Wann immer es dort Gebets- und Segnungszeiten gab, sprangen etliche Christen auf mich zu – offensichtlich um herauszufinden, ob sie die Gabe der Heilung haben." Und sie berichtete mir von Situationen, die für sie geradezu traumatisch gewesen waren. Als ich mir vorstellte, dass diese Leute womöglich durch meine Anregungen zu ihrer Experimentierwut gekommen sind, wäre ich am liebsten im Boden versunken!

In unseren Gemeinden sollte ein Klima entstehen, in dem Christen es wagen, auch einmal etwas falsch zu machen und daraus zu lernen.

Ich glaube, dass es etliche Gaben gibt, mit denen sich einigermaßen problemlos experimentieren lässt, und andere, wo dies nur unter Anleitung eines reifen Menschen geschehen sollte, der die entsprechende Gabe hat. Eine solche Anleitung ist meines Erachtens die beste Gewähr gegen einen Wildwuchs, der großen geistlichen Schaden verursachen kann. Aber trotz dieser Betonung von „Sicherheitsvorkehrungen" möchte ich bei der These bleiben, dass die meisten unserer Gemeinden zu wenig experimentierfreudig sind. Ich habe schon Gruppen erlebt, in denen die Christen von der panischen Angst gequält wurden, ja keine Fehler zu machen. Eine solche Angst vor Fehlern erscheint mir, gerade für Christen, völlig unangemessen. Kurz: Ich plädiere nicht dafür, einfach wild drauflos zu experimentieren, ohne Rücksicht auf Verluste. Ich plädiere aber dafür, dass in unseren Gemeinden ein sehr viel experimentierfreudigeres Klima entsteht, eine Atmosphäre, in der Christen es wagen, auch einmal etwas falsch zu machen und daraus zu lernen.

Warum nicht ein separater Fragebogen?

Ich würde den 3-Farben-Gabentest gerne einfach nur als Fragebogen haben, nicht als ganzes Buch, um ihn in der Gemeinde besser streuen zu können. Warum bieten Sie den Fragebogen nicht separat an?

Ich halte es für geradezu gefährlich, nur den Fragebogen aus dem Buch herauszulösen und ihn isoliert von der entsprechenden Lehre, von den weiteren Anmerkungen und Erläuterungen des Buches einzusetzen. Der Fragebogen ist eben nur ein Teil des Entdeckungsprozesses – und da, wo er isoliert benutzt wird, kann das ausgesprochen kontraproduktive Wirkungen haben. Der Fragebogen an sich mag Ihre Gemeinde zwar unterhalten, sogar auf beachtlichem Niveau, aber er wird nicht viel verändern. Jeder, der den *3-Farben-Gabentest* gemacht hat, braucht doch nähere Erläuterungen, da die einzelnen Begriffe – isoliert betrachtet – geradezu irreführend sein können: Was bedeutet es genau, wenn ich herausfinde, dass ich die Gabe des „Apostels" oder des „Helfens" oder des „Missionars" habe? Sie brauchen außerdem die Hinweise auf potenzielle Gefahren und Trainingsmöglichkeiten. Wenn jemand nicht bereit ist, das Buch zu kaufen und durchzuarbeiten, würde ich stark davon abraten, nur den Fragebogen zu benutzen. Das Ganze ist doch mehr als ein *Reader's Digest Quiz;* es ist eine sehr ernste geistliche Angelegenheit mit weit reichenden Konsequenzen.

Kein Raum zum Praktizieren

In meiner Gemeinde gibt es einfach keinen Raum, die Gaben, die ich bei mir entdeckt habe, einzusetzen. Haben Sie aus anderen Gemeinden auch von solchen Erfahrungen gehört?

Es kann eine der frustrierendsten Erfahrungen sein, wenn ich eine bestimmte Gabe entdecke, in meiner Gemeinde aber keine Möglichkeit finde, sie auch einzusetzen. Ich weiß von Christen, die nach der Entdeckung ihrer geistlichen Gaben unglücklicher waren als vorher. Einer dieser Christen sagte mir: „Als ich meine Gaben noch nicht kannte, konnte ich noch gut damit leben. Seitdem ich aber weiß, was ich eigentlich tun sollte, es in meiner Gemeinde aber nicht tun darf, halte ich es kaum noch aus!"

Ich möchte Christen, die diese Erfahrung machen, zweierlei raten. Erstens: Machen Sie sich sehr viel Mühe herauszufinden, weshalb der Einsatz Ihrer Gabe in Ihrer Gemeinde nicht gefragt ist. Vielleicht hat die Gemeindeleitung den Eindruck, Sie sind noch nicht so weit, dass Sie einen der Gabe entsprechenden Dienst verantwortlich übernehmen könnten, oder man hält Sie aus anderen Gründen für ungeeignet. Bisweilen gibt es gute Gründe, wenn in gewissen Zeiten das Praktizieren einer bestimmten Gabe von der Gemeindeleitung nicht gefördert wird. Zweitens: Wenn Sie allerdings merken sollten, dass es letztlich keine geistlichen Gründe sind, dann sollten Sie sich eine andere Gemeinde suchen. In der Bibel steht nirgendwo, dass die Zugehörigkeit zu einer bestimmten Ortsgemeinde eine lebenslange Verbindung wäre. Wenn Sie den Eindruck haben, dass Sie in der Gemeinde, in der Sie derzeit sind, nicht geistlich wachsen können, und wenn auch ein Gespräch mit Ihrem Pastor keine Änderung der Situation bewirkt, dann sollten Sie sich die Freiheit nehmen, sich einer anderen Gemeinde anzuschließen. In dieser Gemeinde sollten Sie dann allerdings verbindlich mitarbeiten. Einem Herumhüpfen von Gemeinde zu Gemeinde möchte ich mit diesem Rat nämlich keineswegs das Wort reden.

Es ist kein Fehler, wenn ich entdecke, dass ich bestimmte Gaben nicht habe, sondern ein weiterer Fortschritt in meinem Entdeckungsprozess.

Wenn ich bestimmte Gaben nicht habe ...

Sie belustigen sich darüber, dass es Menschen schwer fällt, über Gaben zu reden, die sie nicht haben. Aber ich finde das ganz normal. Wer redet schon gerne über seine Fehler!

Ihre Worte zeigen, dass Sie von einem völlig falschen Gabenverständnis ausgehen. Es ist kein Fehler, wenn ich entdecke, dass ich bestimmte Gaben nicht habe, sondern ein weiterer Fortschritt in meinem Entdeckungsprozess. Jede Gabe, bei der ich merke, dass ich sie nicht habe, ist ein Grund zum Feiern. Ich weiß nun besser, wozu Gott mich berufen hat – und wozu nicht. Beides ist gleich wichtig. Wenn ich sage, dass jede Gabe, die ich bei mir als nicht vorhanden ausfindig mache, ein Grund zum Feiern ist, dann meine ich das ganz wörtlich. In den Leitermaterialien zum Buch „Die 3 Farben deiner Gaben" haben wir zum Beispiel eine Einheit für eine Gruppenstunde ausgearbeitet, in der die Christen ihre nicht vorhandenen

Gaben feiern sollen! Wo immer eine Gruppe so weit ist, dass das möglich ist, hat sie wirklich begriffen, was es mit dem Leib Christi auf sich hat.

Atmosphäre entkrampfen

Wir sind dabei, uns in unserem Hauskreis mit Ihrem Buch zu beschäftigen. Wie kann ich als Leiter eine Atmosphäre schaffen, in der es den Leuten leicht fällt, über ihre Gaben zu reden? Derzeit wirkt alles noch recht verkrampft.

Bei jedem Gabenseminar stehe ich im Grunde in der gleichen Situation wie Sie. Ich muss Ihnen ehrlich sagen, dass es bei einem solchen Seminar noch nicht einmal mein primäres Anliegen ist, dass die Christen ihre Gaben entdecken – obwohl dies in aller Regel geschieht. Mein primäres Ziel ist ein anderes: dazu beizutragen, dass ein Klima entsteht, in dem es leicht fällt, über vorhandene und nicht vorhandene Gaben zu reden. Ich habe die Erfahrung gemacht, dass es enorm entkrampfend wirken kann, als Seminarleiter über die Gaben zu reden, die Gott mir nicht gegeben hat, und über die Wege und Umwege, wie ich das herausgefunden habe. Durch derartige persönliche Anmerkungen zerbricht eine ungeistliche „Guru-Erwartungshaltung" dem Leiter gegenüber; und auch den Teilnehmern fällt es leichter, über ihre vorhandenen bzw. nicht vorhandenen Gaben zu reden.

Mein Ziel ist, ein Klima zu schaffen, in dem es leicht fällt, über vorhandene und nicht vorhandene Gaben zu reden.

Was ist eine geistliche Gabe, was nicht?

Ich verstehe Ihre Gabenliste nicht. Wieso haben Sie Gaben wie zum Beispiel „Ehelosigkeit" aufgenommen, die in der Bibel gar nicht belegt sind?

Wir haben in unserer Liste Gaben, von denen die Bibel eindeutig und ausdrücklich – unter Benutzung des entsprechenden Vokabulars – als „Charismen" spricht. Wir haben andere Gaben, bei denen der Kontext darauf schließen lässt, dass es sich um eine geistliche Gabe handelt (zum Beispiel die Gabe des Missionars). Und schließlich enthält die Liste auch Gaben, die in der Bibel nicht direkt als Charismen bezeichnet werden, sich aber doch als solche verstehen lassen (z. B. Gebet und Dämonenaustreibung). Allerdings gehört Ehelosigkeit zur ersten Kategorie, also zu den Gaben, die von der Bibel eindeutig als Charismen bezeichnet werden (vgl. 1. Kor. 7,7), spielt aber trotzdem interessanterweise in der Literatur über geistliche Gaben kaum eine Rolle.

Ehelosigkeit ist keine Gabe

Meines Erachtens ist Ehelosigkeit nichts anderes als ein Mangel an Gelegenheit. In unserer Gruppe war eine Gemeindehelferin, die nicht gerade glücklich zu sein scheint über ihr Unverheiratetsein. Können Sie sich vorstellen, mit welch süffisanten Bemerkungen man ihr die Gabe der Ehelosigkeit zusprach? Ihr blieb gar nichts anderes übrig, als sie sich selbst zuzusprechen, um ihre Würde zu bewahren.

Noch einmal: Paulus bezeichnet seinen eigenen Stand der Ehelosigkeit eindeutig als „Charisma", also nicht als Mangel an Gelegenheit. Ich habe in den letzten Jahren unzählige Christen und Christinnen kennengelernt, denen Gott wie Paulus diese wunderbare Gabe gegeben hat und die sie zur Ehre Gottes und zum Bau seiner Gemeinde einsetzen. Einige erzählten mir davon, wie sehr ihre christliche Umgebung sie dazu gedrängt habe, „endlich zu heiraten", weil man offensichtlich nicht wusste, dass es sich hier um eine geistliche Gabe und damit um eine Berufung handelt. Ich habe allerdings auch erlebt, wie neurotisch bisweilen die Frage der Ehelosigkeit in christlichen Gruppen behandelt wird, eben deshalb, weil dieser Themenkomplex nicht unter dem Aspekt der geistlichen Gaben gesehen wird. Ich sage ja nicht, dass jeder, der unverheiratet ist, auch die Gabe der Ehelosigkeit hat. Offensichtlich hat die Gemeindehelferin, von der Sie berichten, diese Gabe nicht. Die Art jedoch, wie in der Gruppe mit der Frage umgegangen wurde, scheint mir ein typisches Beispiel zu sein, wie man es nicht machen sollte. Mir macht es wirklich Probleme, dass es offensichtlich nur relativ wenige christliche Gruppen gibt, in denen man als Teilnehmer offen sagen kann: „Leute, ich bin unverheiratet, aber ich bin nicht gerade glücklich damit. Ich hätte gerne einen Partner. Ich komme einfach nicht zurecht mit meiner Sexualität." Wir müssen dringend darauf hin arbeiten, dass wir uns in unseren Hauskreisen und Gruppen so voreinander öffnen können.

Können Sie sich vorstellen, welche Auswirkungen es hat, wenn Gaben wie Lehren, Evangelisation oder Leitung nicht zum Aufbau der Gemeinde, sondern zum Ruhme des „Gabenträgers" eingesetzt werden?

Merkwürdige Definitionen

Ihre Definitionen mancher Gaben haben mich erstaunt. Wie Sie zum Beispiel die „Gabe der Erkenntnis" definieren, finde ich sonderbar.

Es gibt bestimmte Gaben – „Erkenntnis" gehört dazu –, die im Leib Christi unterschiedlich verstanden werden. Die Bibel definiert die einzelnen Gaben ja nicht, so dass sich von daher schon ein unterschiedliches Verständnis ergibt. Ich sage also nicht, dass unsere Definitionen, die sich übrigens weitgehend an die von C. Peter Wagner anlehnen, richtig sind und andere falsch. Wenn wir aber über Gaben ins Gespräch kommen wollen, so müssen wir uns auf eine gemeinsame Sprachregelung einigen, um nicht aneinander vorbei zu reden. Ich vermute, dass in der Gemeinde, zu der Sie gehören, „Erkenntnis" so verstanden wird, dass ein Christ spontan eine übernatürliche Einsicht in eine bestimmte Situation erhält. Dieses Phänomen wird im *3-Farben-Gabentest* nicht als „Gabe der Erkenntnis" bezeichnet, sondern dem prophetischen Gabenbereich zugeordnet. Es kann also sein, dass Sie in Ihrer Gemeinde die einzelnen Begriffe ein wenig in die Sprache, die Sie gewohnt sind, übersetzen müssen.

Zungenreden im Test

Ich selber habe die Gabe des Sprachengebets. Aber beim 3-Farben-Gabentest kam das nicht heraus. Heißt das, dass ich sie eigentlich gar nicht habe?

Wir haben diese Gabe im Test wie jede andere behandelt. Wenn Sie hin und wieder einmal in Sprachen beten, dies aber keinen wesentlichen Bestandteil Ihres geistlichen Lebens darstellt, wird „Zungenreden" nicht als Teil Ihrer manifesten Gabenkombination erscheinen. Das geschieht nur dann, wenn das Zungenreden in Ihrem geistlichen Leben eine wichtige Rolle spielt. Das ist bei jeder anderen Gabe auch so. Ich selber habe in meinem Leben zwar schon hin und wieder Menschen zum Glauben geführt, habe aber nicht die Gabe der Evangelisation; ich habe verschiedentlich erlebt, dass Gott mein Gebet um Heilung erhört hat, habe aber nicht die Gabe der Heilung. Wenn also das Zungenreden kein wichtiger Bestandteil Ihres geistlichen Lebens ist, wird es nicht als Teil Ihrer manifesten Gabenkombination erscheinen.

Gaben können pervertieren

Ich bezweifle ja gar nicht, dass es Gaben wie Zungenreden, Krankenheilung etc. auch heute noch gibt. Aber Sie müssen doch zugeben, dass diese Gaben besonders leicht missbraucht werden können. Deshalb würde ich in meiner Gemeinde keinen Raum dafür geben.

Wann wird eine Gabe missbraucht? Wenn sie nicht zum Aufbau der Gemeinde eingesetzt wird, sondern zum Ruhme des „Gabenträgers". Aber das gilt nicht nur für die von Ihnen genannten Gaben, sondern für jede andere auch. Können Sie sich vorstellen, welche verheerenden Auswirkungen es haben kann, wenn Gaben wie zum Beispiel Lehren, Evangelisation oder Leitung nicht zum Aufbau der Gemeinde, sondern zum Ruhme des „Gabenträgers" eingesetzt werden? Missbrauch von geistlichen Gaben verhindern wir nicht dadurch, dass wir keinen Raum für sie geben, sondern nur, indem wir Wege zeigen, wie sie zum Aufbau der Gemeinde eingesetzt werden können.

Einseitigkeit vorprogrammiert

Der Gabenansatz, konsequent angewendet, führt zu großer Einseitigkeit. Die Leute konzentrieren sich immer mehr auf ihre Gaben, anstatt sich in den Bereichen zu engagieren, die nicht ihren Gaben entsprechen. Wollen Sie das?

Um klar darauf zu antworten: Jawohl, ich möchte, dass Christen, was ihre Gaben angeht, einseitig, radikal, extrem sind. Ich bin überzeugt, dass so Gemeinde als Leib Christi am besten funktioniert. Zum Beispiel empfehle ich Christen, die bei sich die Gabe der Evangelisation entdeckt haben, dass sie aus anderen gemeindlichen Verantwortungen aussteigen sollten, um sich ganz einseitig der evangelistischen Aufgabe zu stellen. Ich habe mittlerweile Beispiele über Beispiele gesammelt, wie segensreich sich diese Einseitigkeit auf den gesamten Leib Christi auswirkt.

Ich weiß zum Beispiel von einem Kirchenvorsteher, der durch den *3-Farben-Gabentest* bestätigt fand, dass Gott ihm die Gabe der Evangelisation gegeben hat. Er war aber in so vielen Aufgaben engagiert, dass er kaum Zeit hatte, diese Gabe auch wirklich auszuleben. Der Pastor machte ihm Mut, alle gemeindlichen Aufgaben abzugeben, um sich ganz auf den evangelistischen Dienst zu konzentrieren. Er erzählte mir: „Ich hatte fast Tränen in den Augen, als wir ihn aus unserem Kirchenvorstand verabschiedeten, denn er war immer derjenige gewesen, der das evangelistische Anliegen in unserer Runde hoch hielt. Aber uns war klar geworden: Ein Mensch mit der Gabe der Evangelisation ist nicht dazu da, das evangelistische Anliegen hoch zu halten, sondern zu evangelisieren. Seitdem er nun genügend Zeit hat, sich ganz auf diese Aufgabe zu konzentrieren, sind innerhalb der letzten sechs Monate schon neun Menschen über ihn neu zur Gemeinde gekommen."

Ich möchte, dass Christen, was ihre Gaben angeht, einseitig, radikal, extrem sind.

Lohnt sich das Ganze?

Könnten Sie uns sagen, welche Erfahrungen andere Gruppen mit dem 3-Farben-Gabentest gemacht haben? Hat sich die Beschäftigung in der Regel gelohnt?

Wir haben 214 Gruppenleiter, die mit dem Buch in ihrer Gruppe gearbeitet haben, die Frage gestellt, wie stark das Interesse der Teilnehmer war: 74 Prozent antworteten „außerordentlich stark" bzw. „sehr stark", 25 Prozent „durchschnittlich stark", 1 Prozent „wenig interessiert" bzw. „gar nicht interessiert". Als wir 623 Teilnehmer solcher Gruppen befragten, ob Ihrer Meinung nach die Beschäftigung mit dem Buch Ihnen etwas gebracht habe, antworteten 69 Prozent „außerordentlich viel" bzw. „sehr viel", 27 Prozent „etwas", 4 Prozent „kaum etwas" bzw. „nichts". Mir haben diese Zahlen noch einmal gezeigt, wie stark derzeit das Interesse der Christen ist, ihren geistlichen Gaben auf die Spur zu kommen.

Nur in der Gruppe durchführen

Ich halte den 3-Farben-Gabentest für gefährlich, wenn ihn jemand macht, der keiner christlichen Gruppe angehört. Sie sollten dafür sorgen, dass er nur an Gruppen ausgeliefert wird.

Der 3-Farben-Gabentest lässt sich am besten im Kontext einer christlichen Kleingruppe einsetzen.

Ich verstehe Ihr Anliegen gut. Auch ich habe die Erfahrung gemacht, dass sich der *3-Farben-Gabentest* am besten im Kontext einer christlichen Kleingruppe einsetzen lässt. Genau dazu ist er auch entwickelt worden. Allerdings leben die meisten von uns – Gott sei Dank – in einer freien Welt und wir können niemanden bevormunden, wie er mit dem Material umgeht. Außerdem habe ich auch schon unzählige Beispiele von Christen gehört, die das Buch für sich allein durchgearbeitet haben und Gott hat es gesegnet.

Früchte sind wichtiger als Gaben

Die Bibel lehrt uns, dass die Früchte des Geistes wesentlich wichtiger sind als geistliche Gaben. Wieso kommt das bei Ihnen nicht vor?

In „Die 3 Farben deiner Gaben" kommt vieles nicht vor, was für das Leben als Christ wichtig ist. Denn hier geht es um das Entdecken von geistlichen Gaben. Aber ich stimme Ihnen glühend zu. Das Neue Testament lehrt uns, dass uns die Gaben des Geistes ohne die Frucht des Geistes – man könnte auch sagen: ohne Liebe – nichts nützen und unsere Erfahrung bestätigt das jeden Tag. Wir haben deshalb einen „Liebe-Lern-Prozess" entwickelt, der unter anderem einen Fragebogen enthält, in dem die Früchte des Geistes getestet werden.

Die wichtigsten Gaben fehlen

Müssten zu Ihrer Gabenliste nicht auch so wichtige Gaben wie die der „Geduld", der „Friedfertigkeit" und der „Selbstdisziplin" gehören?

Nein. Was Sie erwähnen, sind keine geistlichen Gaben, sondern „Früchte des Geistes", wie Paulus sie in Galater 5,22 erwähnt. Es wäre verheerend, wenn wir Gaben und Früchte miteinander verwechselten. Während bei geistlichen Gaben die Faustregel gilt, dass wir uns auf die ausfindig gemachten Gaben konzentrieren sollten und es uns nicht bekümmern muss, wenn wir viele Gaben nicht haben, gilt diese Regel bei den Früchten des Geistes nicht. Wenn meine Stärke zum Beispiel „Friedfertigkeit" ist, es mir aber an „Geduld" oder „Selbstdisziplin" fehlt, dann kann ich nicht sagen: „Meine Frucht ist nun mal Friedfertigkeit. Sollen doch andere Christen Geduld und Selbstdisziplin üben." Sondern ich muss mich gerade um die Früchte am meisten kümmern, die bei mir am schwächsten entwickelt sind! Ohne ein solches Korrektiv durch die Lehre von der Frucht des Geistes kann der Gabenansatz sehr leicht zu einer Ideologie entarten.

Mir scheint, dass Paulus ähnliche Erfahrungen vor Augen hatte, wenn er im Zusammenhang mit geistlichen Gaben so sehr die Liebe als *die* Frucht des Geistes betonte.

Aufgaben-Beschreibung (siehe Seiten 91-93)

Aufgabe	Datum

Ziele

Teil-Aufgaben

Bezugspersonen
Verantwortlich für:
Verantwortlich gegenüber:
Zusammenarbeit mit:

Geistliche Gaben	Fähigkeiten/Interessen

Zeitlicher Aufwand	Dauer der Aufgabe

Schulungen

Bemerkungen

Die 3 Farben deiner Gaben: Leiter-Materialien

NCD-Leitermaterialien wurden entwickelt, um Ihnen dabei zu helfen, die natürliche Gemeindeentwicklung in den unterschiedlichsten Bereichen Ihrer Gemeinde praktisch werden zu lassen. Die folgenden Titel beziehen sich auf „Die 3 Farben deiner Gaben":

- Wie Sie
  Die 3 Farben deiner Gaben
  in der Gemeinde einführen

  Das Prozess-Handbuch

  Dutzende Arbeitsblätter, Checklisten und praktische Ideen für Pastoren und Gemeindeleiter. Enthält eine CD-ROM mit allen Diagrammen und Cartoons des Buches „Die 3 Farben deiner Gaben" zum Ausdruck auf Overheadfolien oder Verwendung in PowerPoint-Präsentationen. Außerdem enthält die CD-ROM Software, mit deren Hilfe Sie den *Farb-Kompass* und den *3-Farben-Gabentest* auf Gemeindeebene auswerten können.

- Wie Sie
  Die 3 Farben deiner Gaben
  in Kleingruppen studieren

  Das Gruppenleiter-Handbuch

  Befähigt Leiter von Kleingruppen, ihre Gruppe durch einen lebensverändernden Prozess zu führen, in dessen Verlauf die Teilnehmer ihre geistlichen Gaben entdecken. Enthält Vorschläge für die Gestaltung von einer, drei, sechs und zwölf Einheiten.

- Wie Sie
  Die 3 Farben deiner Gaben
  in einer Mentoring-Beziehung einsetzen

  Das Gabenberater-Handbuch

  Ein Werkzeug, das speziell für „Gabenberater" entwickelt wurde. Darüber hinaus ist es für jeden relevant, der anderen dabei helfen möchte, auf persönlicher Basis die eigenen Gaben auf dazu passende Aufgaben in der Gemeinde zu beziehen.

Erhältlich in jeder Buchhandlung oder über den C & P Verlag

Kontaktadressen für Gemeindeberatung

Deutschland:	institut@nge-deutschland.de
Österreich:	institut@nge-online.at
Schweiz:	info@koinonia.ch

Gemeinde natürlich entwickeln: Die 3-Farben-Serie